反知性主義

アメリカが生んだ「熱病」の正体

森本あんり

新潮選書

はじめに

「反知性主義」という言葉が日本でも聞かれるようになったのは、ごく最近のことである。それまでは、アメリカ史を研究する一部の専門家たちの間で、特に二〇世紀以降の現代アメリカ社会を分析するために使われてきた用語だったが、近年では日本の時評や論壇にも頻繁に登場するようになった。

ただ、その使われ方には微妙な違いがあるように見える。日本では、「反知性主義が日本社会を覆い尽くしている」と言うように、どちらかと言うと社会の病理をあらわすネガティヴな意味に使われることが多い。たとえば、最近の若者は本を読まなくなったとか、テレビの低俗な娯楽番組で国民の頭脳が毒されているとか、大学はレジャーランド化して単なる就職予備校に成り下がったとか、あるいはそれもこれもみな、国民を無知蒙昧の状態にとどめておく「愚民政策」の陰謀だ、などという人まである。これらの文脈では、「反知性主義」とは「反・知性」、つまりおよそ知性的なことに何でも反対する、という意味だろう。たしかに、そういう局面で「反知性主義」が感知されることも大いにある。

もう少しきな臭いところでは、隣国との領土問題や歴史認識をめぐって再燃するようになった日本の声高なナショナリズムなどを指して、「反知性主義」という言葉が用いられることがある。元外務省主任分析官で作家の佐藤優は、反知性主義のことを「実証性や客観性を軽んじ、自分が理解したいように世界を理解する態度」と定義している。政権中枢にいる日本の政治家が、ナチズムを肯定するかのような発言をし、その深刻さを自覚できないでいる、というのはその典型的な症状だろう。ここには、知性による客観的な検証や公共の場における対話を拒否する独りよがりな態度が見える。他方、教育社会学者の竹内洋は、社会の大衆化が進み、人びとの感情を煽るような言動で票を集めるような政治家があらわれたことに、反知性主義の高まりを見ている。こうした政治家は、メディアに登場して「本ばかり読んでいるような学者」の学問や知性を軽蔑した発言をすると、一部の有権者が喝采を送ってくれるのを知っているのである。民主主義社会では、政治が扇動家やポピュリズムに乗っ取られる危険性は常に伏在している。

反知性主義には、以上のような要素ももちろん含まれている。しかしこの言葉は、単なる知性への反対というだけでなく、もう少し積極的な意味を含んでいる。というより、ここまでその使用法が広がってしまった今ではとても信じられないことかもしれないが、本来「反知性主義」は、知性そのものでなくそれに付随する「何か」への反対で、社会の不健全さよりもむしろ健全さを示す指標だったのである。時代によりそれぞれの論者が自分なりの意味づけで一つの言葉を用いることは当然あってよいのだが、その言葉の歴史的な由来や系譜を訪ねて意味の広がりと深まりを知るならば、もっと有意義で愉しい議論が期待できるだろう。本書はそのような探訪の旅を読者に味わっていただきたいと願っている。

「反知性主義」(anti-intellectualism)という言葉には、特定の名付け親がある。それは、『アメリカの反知性主義』を著したリチャード・ホフスタッターである。一九六三年に出版されたこの本は、マッカーシズムの嵐が吹き荒れたアメリカの知的伝統を表と裏の両面から辿ったもので、ただちに大好評を博して翌年のピュリッツァー賞を受賞した。日本語訳がみすず書房から出たのは四〇年後の二〇〇三年であるが、今日でもその面白さは失われていない。訳者の田村哲夫が「あとがき」に記しているとおり、「説得的な歴史観の下で、正確な叙述で表わされた歴史書は、どんな時代にも古くささを感じさせるものではないし、どんな時代にも有益なヒントをあたえてくれる」ものである(1)。

だが、もしそんなに名著であるのなら、これが四〇年も訳出されずに放っておかれたのはなぜだろう、という問いも湧いてくる。理由の一端は、この本の内容が日本人には理解しにくいアメリカのキリスト教史を背景としているところにある。この本に言及する人もあるにはあるが、よく見てみると、引用されているのは冒頭の数頁だけで、内容的な議論の深みへと足を踏み入れる人は少ない。けっして難しい本ではないが、日本人になじみの薄い予備知識が必要なため、本筋のところが敬遠されてしまうのである。その先に続く議論の面白さを考えると、これは実にもったいない話である。アメリカの反知性主義の歴史を辿ることは、すなわちアメリカのキリスト教史を辿ることに他ならない。

すでにこの時点で、読者の方々の頭にはさまざまな疑問が浮かび上がっているはずである。いったい知性や反知性という話が、キリスト教とどのように関わるのだろうか。というより、こと「知性」に関しては、アメリカのキリスト教こそ、奇妙な矛盾のオンパレードではないか。アメリカは、一方では最新の科学技術の国であり、ノーベル賞受賞者をもっとも多く輩出している国であり、数々の名門大学を擁する国である。ところが他方では、キリスト教が異様なほど盛んで、日曜日には人びとが教会に集い、海が分かれて道ができたとか、死人が復活したとかいう話を大まじめに聞いて神を礼拝している。キリスト教を信じる人は他の国にもたくさんいるが、進化論を真っ向から否定するような議論が責任ある地位の人びとの口から平然と語られるのは、アメリカだけである。いったいあの国の人びとの頭の中はどうなっているのか。はたして、アメリカは知性的なのだろうか、それとも反知性的なのだろうか。

本書は、この奇妙きわまりないアメリカのキリスト教を背景として生まれた反知性主義の歴史を通観し、読者がそれぞれのしかたで現代社会を読み解くための道具立てとして提供しようとするものである。反知性主義は、どのような土壌に生まれ、どんな主義主張を成分としているのか。誰がその担い手となり、なぜこれほどの広がりを見せたのか。こうした疑問を少しずつ解きほぐしながら説明するには、ホフスタッターの見立てを出発点としつつも、それぞれの出来事や登場人物にふさわしい解釈と評価の光を当て直し、歴史の流れの中に再定位する作業が必要になる。反知性主義が二一世紀のわれわれ日本人にとってもつ意味も、そこから新たに見えてくるはずである。

目次

第二章　信仰復興運動　反知性主義の原点

第三章　反知性主義を育む平等の理念

第六章　反知性主義のもう一つのエンジン

第七章　「ハーバード主義」をぶっとばせ

反知性主義　アメリカが生んだ「熱病」の正体

プロローグ

レーガン大統領とピューリタン

二〇〇四年にレーガン大統領が亡くなった時、国葬の式典に際して一人の女性が演台に立った。レーガン大統領に指名されて、最初の女性連邦最高裁判所判事となったサンドラ・オコナー氏である。彼女は、静かに聞き入る聴衆を前に、あるメッセージを読み上げた。それは、ピューリタン指導者のジョン・ウィンスロップ（一五八八－一六四九）が一六三〇年に語った説教である。レーガンは、自分の葬儀にこの説教を読み上げてほしい、と遺言で頼むほどにそれが好きだった。

カリフォルニアの太陽のように明るいあのレーガンが、よりにもよってなぜピューリタンなどに惹かれたのか。ピューリタニズムを厳格さや陰鬱さだけで理解していると、この奇妙な結びつきを理解することは難しい。彼自身がピューリタン的な生き方をどこまで体現していたか、それはここでは問わないことにしよう。少なくとも彼は、自分がウィンスロップの説教に恥じる生き方をしてきた、とは思っていなかった。

レーガン大統領の葬儀でウィンスロップの説教を読み上げるオコナー判事（写真:UPI/アフロ）

レーガンは、生前もスピーチの中でしばしばこの説教に言及している。ウィンスロップのこの説教は、アメリカを「丘の上の町」にたとえて、喜びや苦労を共にしつつ、神の前に正しく謙虚に歩んでゆこう、という趣旨である。(2) この一五年前に大統領執務室から全国民に向けて語った退任メッセージでも、彼は同じ説教を引用した。レーガンは、そしてウィンスロップは、そこにどんな意味を込めていたのだろうか。「丘の上の町」という言葉は、新約聖書の「マタイ福音書」に登場する。

あなたがたは、世の光である。山の上にある町は隠れることができない。また、あかりをつけて、それを枡の下におく者はいない。むしろ燭台の上において、家の中のすべてのものを照させるのである。そのように、あなたがたの光を人々の前に輝かし、そして、人々があなたがたのよいおこないを見て、天にいますあなたがたの父をあがめるようにしなさい。

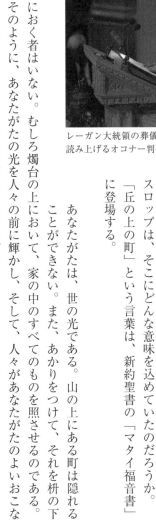

（「マタイによる福音書」五章一四〜一六節）

つまり、ウィンスロップが言いたかったのは、「人びとの目がわれわれに注がれている」ということだった。だからしっかりやろうではないか、という励ましである。ちなみにこの説教は、上陸を目前にした「アーベラ号」の船上で語られた、ということになっていた。建国物語としては、たぶんその方が図柄的にふさわしいだろう。しかし近年では、語られたのは出港前だったことが明らかになっている。時は一六三〇年の春、場所はサウサンプトンというイギリスの港町である。それでも十分ドラマチックだと言えるかもしれない。何しろ彼らは、これから不退転の覚悟で大西洋の彼方へと旅立とうとして集まったのだから。

祝福か滅びか

彼らは、「旧いイングランド」を脱し、神との新しい契約のもとで「新しいイングランド」を創設すべく、これから偉大な実験の旅に出ようとしている。その成否は全世界の注目するところとなり、成功するにせよ失敗するにせよ、長く人びとの語り草となるだろう。だから彼らは、全力を傾注してこの企てに立ち向かわねばならないのである。アメリカ史の教科書では、この説教は「キリスト教的な愛の模範」という題で紹介されてきた。お互い生まれや育ちは異なるけれど、愛をもって一致団結し、未開の新天地に新しい社会を作ってゆきましょう、という勧めである。

しかし、この説教を最後まで読むと、もう一つ別の聖書テクストが出てくる。それは、旧約聖書「申命記」にある次のような勧告である。「あなたは命を選ばなければならない。そうすればあなたとあなたの子孫は生きながらえることができるであろう。」神はモーセを通して、イスラエルの人びとにこう語っている。

見よ、わたしは、きょう、命とさいわい、および死と災をあなたの前に置いた。すなわちわたしは、きょう、あなたにあなたの神、主を愛し、その道に歩み、その戒めと定めと、おきてとを守ることを命じる。それに従うならば、あなたは生きながらえ、その数は多くなるであろう。またあなたの神、主はあなたが行って取る地であなたを祝福されるであろう。しかし、もしあなたが心をそむけて聞き従わず、誘われて他の神々を拝み、それに仕えるならば、わたしは、きょう、あなたがたに告げる。あなたがたは必ず滅びるであろう。

（「申命記」三〇章一五〜一八節）

つまり、神は二つの道を用意した。ひとつは命と幸いの道、もうひとつは死と災いの道である。もしあなたがたが神の声に聞き従い、神の定めた目的に誠実に邁進するならば、必ずや祝福を受けて繁栄するであろう。しかし、もしこれに背き、神の代わりに自分の快楽や利益を拝んで追求するようになれば、あなたがたは必ずそこで滅び去ることになるであろう。だから今ここで、あなたがたは「命と幸い」を選びなさい、という勧告である。

「契約」概念のアメリカ化

ここに、「契約」の概念が顔をのぞかせている。聖書には、神と人間の間を契約の概念でとらえる考え方がしばしば登場する。これを聖書的な歴史理解の中軸に据えたのが「契約神学」という思想体系だが、ヨーロッパに生まれたこの神学は、アメリカへ渡るうちに微妙に強調点を変化させてゆく。

はじめ大陸の改革派神学の中で語られた「契約」は、神の一方的で無条件の恵みを強調するための概念だった。人間の応答は、それに対する感謝のしるしでしかない。旧約であろうと新約であろうと、聖書の基本的なメッセージは、繰り返される人間の罪と反逆にもかかわらず、神はあくまでも恵みの神であり続ける、ということである。契約とは、当事者の信頼やコミットメントを表すものだったのである。ところが、ピューリタンを通してアメリカに渡った「契約神学」は、神と人間の双方がお互いに履行すべき義務を負う、という側面を強調するようになる。いわば対等なギブアンドテイクの互恵関係である。

神学者のリチャード・ニーバーによると、このような契約理解は現代アメリカ社会にも深く影響を及ぼしている。神学的な契約概念の変化は、人間同士で交わされる世俗的な契約をも変質させてしまった。本来それは、自分自身を縛る信頼と約束の表現であったのに、いつの間にか相手方に義務の履行違反がないかどうかをチェックする言葉になってしまった。ニーバーの解釈は、商売や結婚などを契約の概念で理解する「ドライな」アメリカ社会に対する文明批判である。(3)

このような変質は、ウィンスロップが語ったこの説教にもすでに範例的に見えている。「申命記」のこの箇所では、人間の服従と神の祝福、人間の背反と神の断罪とが、それぞれ屈折することなくまっすぐに直結している。もちろんこれも聖書の一部であることに相違はないが、聖書全体を貫くメッセージからすると、やや特異な箇所である。人間が従えば神は恵みを与え、背けば滅びを与える——わかりやすい論理だが、宗教学的に言うとそれはほとんど「ご利益宗教」の域を出ない。アメリカは、アメリカになる前に、すでにかなり特殊なキリスト教理解を出発点にしていた、ということである。

この論理は、これから本書にもしばしば登場することになる。神と人間が対等な契約関係にあるならば、お互いが権利と義務をもつわけである。つまり、人間が信仰という義務を果たせば、神は祝福を与える義務を負い、人間はそれを権利として要求できる、ということになる。その結果、宗教と道徳とが直結し、神の祝福とこの世の成功が直結する。まことにわかりやすい話だが、その分宗教的には薄っぺらで安っぽい。

宗教の伝播とウィルス感染

これが、「キリスト教のアメリカ化」である。キリスト教は、それぞれの土地に根付いて発展する際に「土着化」のプロセスを経る。もし読者の中に、「アメリカはキリスト教の本場だ」と思っている人があれば、ここは少し考えを改めていただかねばならない。キリスト教は、アメリカにとっても外来の宗教である。アメリカだけでなく、キリスト教はヨーロッパにとっても、いやどこの国のどの文化にとっても、異質な外来宗教である。その外来の宗教が、土着化の程度に応じて変異するのである。

このプロセスは、生体がインフルエンザなどのウィルスに感染した時のことを考えるとわかりやすい。ウィルスは、宿主に受け入れられ、そこで繁殖してゆく過程で、宿主に大きな影響を及ぼすが、同時に自分自身をも変化させてゆく。亜種が生まれるのである。そのように自分を変化させることによって、ウィルスはいっそうよく宿主の生態環境に適応することができるようになり、ますます自己繁殖してゆくようになるのである。

それと同じように、宗教も伝播の過程で、その土地の文化に大きな影響をもたらしつつ、同時にみずからを変化させてゆく。宗教学的に言うと、これは「土着化」や「文脈化」と呼ばれるプロセスである。それが成功すればするほど、宗教はその土地に独自のものとなり、変容を遂げてゆくわけである。仏教も、日本に伝来して次第に根づいてゆくうちに、それまでの教えや実践の伝統を離れて独自の変化を遂げていった。キリスト教もアメリカという土壌に根づくうちに、強調点や視座を変えながら適応を繰り返してきた。その結果、おおもとの精神は同じであるとしても、それぞれの土地や文化に即して独自の現象形態が生み出されるようになったのである。

アメリカという土壌は、この意味でキリスト教というウィルスにとって絶好の培養地であった。大繁殖したキリスト教は、その過程でアメリカ社会を大きく変容させたが、同時にみずからも変貌を遂げ、多くの亜種を生み出してゆく。

単純な二本線の論理

レーガンの退任スピーチに戻ろう。なぜ彼がこの説教をそれほどまでに好んだのか。それは、彼もまたこの電車道のように単純な幸いと災いの二本線の契約を信じており、そして、ここが重要なところだが、アメリカ国家は忠実に神に従ったので、祝福を受けて走り続けてきた、という認識をもっているからである。彼は、全国民に向かって、こんな風に語りかけている。

わたしは政治家として、何度かこの「輝ける町」について語ってきた。わたしの心に浮かぶのは、堅固な岩の上に建てられた誇り高い町である。神の祝福を受けて、大波にも大風にも負けることなく、あらゆる人びとが平和と調和のうちに活き活きと行き交う、自由で豊かな町である。

ウィンスロップが小さな木の船でやってきてから二百年後の今日、この町はどうなっただろうか。それは、わたしが大統領に就任した八年前より、さらに豊かに、さらに安全に、さらに幸福になった。アメリカは、かつても今も、自由を求める人びとのあこがれの国であり、安住の地を求めて暗い夜を彷徨うすべての人にとっての家である。

さあ、われわれは自分の役割を果たした（We've done our part）。大統領職を終えて市井に戻る今日、八年にわたって一緒に「レーガン革命」を支えてくれたすべての友人に、わたしが告げるべき最後の言葉は、「われわれは成し遂げたのだ」である。(4)

彼の八年間の業績は、たしかに偉大であったと言えるかもしれない。そうでなくても祝賀気分いっぱいの離任日であるし、かてて加えて、レーガンならではの自己慶賀も含まれていよう。だが、注目していただきたいのは、「われわれは自分の役割を果たした」という一言である。もし彼とアメリカ国民が「自分の担当部分」（our part）をきちんとやりおおせたのなら、あとは他に誰が別の「担当部分」をやるのであろうか。

それが、神なのである。ここに、アメリカ的な「契約神学」の残響が聞こえている。神はわれわれに、ウィンスロップが語ったような約束をした。そしてわれわれはその約束を守り、なすべきことをなした。だから今度は、神が約束を守る番である。そして事実、神はわれわれを祝福してくださったので、このような成功と繁栄と幸福を楽しむことができるのだ——神がアメリカを祝福するのは、いまや契約上の義務なのである。だから、スピーチの締めくくりはいつも「アメリカに神の祝福あれ」なのだ。神を相手に「契約の履行を迫る」という、まことに大胆かつ不届きな発想である。

こんな発想を平気でするのは、キリスト教徒の中でもやっぱりアメリカ人だけだろう。アメリカ史の出発点とされるこの説教は、一見高邁な道徳の理念を掲げているようだが、そこにはきわめて単純で積極的な実利志向が隠されている。

幸福の神義論

その後の歴史を見れば、アメリカの軌跡が必ずしも神への服従ばかりでなかったことは明らかである。入植といっても、そこは無人の地だったわけではなく、先住民が独自の文化と生活を築いていたところである。先住民の放逐は「アメリカの原罪」であるが、それを振り返るなら、この契約は結ばれた途端に破られてしまったのだ、と批判することもできる。宗教社会学者のロバート・ベラーが言ったように、アメリカ人はたしかに「丘の上」に町を建てたかもしれないが、どうやらそこは「他の人が住んでいる丘」だったのだから。[5]

もちろんレーガンのスピーチでは、そういう視点はかき消されてしまっている。見よ、アメリカは栄華を極めている。それは自分たちが努力したからであり、その努力を神が祝福してくれたからである。われわれの暮らし向きは、以前よりずっとよくなっている。それは神がわれわれを是認し祝福してくれたからに違いない。だからわれわれのやってきたことは正しいのだ。

これは、「幸福の神義論」の論理である。「神義論」は、もともと人間の不幸を神学的に説明する論理として知られてきた。もし神が愛と正義の神であるのなら、なぜわれわれはこんなにも不幸で苦しまねばならないのか、という問いに答えようとするのが神義論である。マックス・ヴェーバーは、すべての宗教の根柢にこの問いがあることを看破した。しかし、彼はこのよく知られた「苦難の神義論」を論ずる前に、もう一つ別の問いを扱っている。それが「幸福の神義論」である。[6]

不思議なことに、人は不幸な時ばかりでなく幸福な時にも、神の正義を問いたくなるものである。自分が幸福なのはなぜか、という問いである。そしてその答えはきまって、「それは偶然ではなく、正当な根拠があるのだ」というものである。幸福な人は、誰もがそう思いたいのである。なぜなら、もし偶然に幸福なだけであれば、いずれその幸福は失われるかもしれないからである。ヴェーバー的に言うと、人は単に幸福であるだけでは満足できずに、幸福であることの権利や根拠を欲するのである。自分が幸福なのは当然だ。自分は幸福である権利がある。だから自分の幸福は安泰だ、と信じたいからである。そこに、神の祝福という補助線が見えてくる。

反知性主義の成分要素

およそ宗教というものは、仏教でもキリスト教でも、ひとまずは人間の道徳が破綻したところから出発するものである。救いは凡夫や罪人にこそ与えられるもので、「申命記」のように単線的な道徳論は、聖書の中でもやや例外的である。ところが、アメリカの歴史はそこから始まっている。レーガンの底知れぬ楽観主義は、ウィンスロップの説教が敷いたわかりやすい二本線の論理をそのまま踏襲したものである(7)。

アメリカ精神とは、昔も今も、このレールの上を突っ走る機関車のような精神である。この国と文化のもつ率直さや素朴さや浅薄さは、みなこの二分法を前提にしている。明瞭に善悪を分ける道徳主義、生硬で尊大な使命意識、揺らぐことのない正統性の自認、実験と体験を旨とする行動主義、世俗的であからさまな実利志向、成功と繁栄の自己慶賀――こうした精神態度は、交差も逆転もなく青年のように若々しいこの歴史理解に根ざしている。二〇世紀アメリカの産物である「ファンダメンタリズム」も、進化論を拒否する「創造主義」も、終末的な正義の戦争を現実世界で実現してしまおうとするアメリカの軍事外交政策も、みなその産物と言ってよい。

本書の主題である「反知性主義」も、このような単純な倫理意識や使命感をその成分要素の一つとしている。第一章では、まずその前提となったピューリタニズムの極端な「知性主義」を振り返ってみよう。

第一章　ハーバード大学　反知性主義の前提

1．極端な知性主義

リバイバリズムを生む土壌

「はじめに」に書いたように、本書で見る反知性主義は、かなり特定の系譜をもったアメリカ的な現象である。その歴史的な発展や現代的なあらわれについてはさまざまな議論があるが、その出発点については、研究者たちの間にほぼ一致した見解がある。それは、独立前のアメリカ全土を席巻した「信仰復興運動」（リバイバリズム）のうねりである。信仰復興運動とは何か、という話は次章で取り上げるが、それ自体は必ずしもアメリカだけに起きた現象ではない。だが、植民地時代のアメリカには、それを準備する特定の土壌があった。それがピューリタニズムであり、もっと具体的に言うと、ピューリタニズムの極端な知性主義である。つまり、もともと高度に知性を偏重する社会であったからこそ、それに対する反動として信仰復興運動が起こり、それに付随して強烈な反知性主義も生まれた、というわけである。そこでまず、このピューリタニズムの知性主義がどんなものであったかを見てみよう。(8)

高学歴社会

歴史的に見ると、ピューリタンの入植したニューイングランドは、人口あたりの大学卒業者が異常なほど多かった地域である。一六四六年までに海を渡ったピューリタンのうち、大学卒業者は一三〇名で、そのうちケンブリッジ大学出身が一〇〇名、オックスフォード大学出身が三二名である（重複あり）。当時の植民地人口からすると、およそ四〇家族に一人、という割合になる。

大卒者の大半は教会の牧師で、上記一三〇名のうち九八名を占めている。その後の百年、つまり次章に見る信仰復興運動が始まる一七四〇年頃までの時期を見ると、会衆派教会の牧師二五〇名のうち、大卒でなかった者は一割にすぎない。会衆派教会は、ニューイングランド教会の四分の三を占める当時の主流派であるが、入植からさらに独立革命までの一五〇年を通算すると、牧師の九五％が大卒で、しかもそのうちの多くが学士号ばかりでなく修士号も有していた。(9)

大卒でなければ牧師にはなれない、という規則が定められたのはずっと後になってのことだが、人びとはそれを当然の前提として受け入れていた。このような考え方は、ピューリタン以外の国ではあまりお目にかからない。牧師だけではない。一般の識字率も高く、一七世紀末の白人成年男性で三分の二を越える。これは、同時代のどの地域と比べても高い水準である。

なぜそれほどまでに高学歴なのか。それは、ピューリタニズムの特徴に由来する。ピューリタニズムは、もともと説教運動として出発した。中世以来のカトリック教会では、礼拝とは基本的にミサにあずかることである。カトリックの聖職者は、典礼さえ執行できればよかったのである。カトリック教会が聖職者を養成するために専門の学校を作るのはずっと後になってからで、教区の教会に仕える司祭は、ミサのためにいくつかのラテン語を覚えれば、基本的な仕事をこなすことができた。

ところが、プロテスタント教会では一般信徒に自分で聖書を読むことを奨励する。ルターの宗教改革が、通俗ドイツ語への聖書翻訳に始まり、グーテンベルクの活版印刷と手を携えて進められたことは、歴史の教科書でも触れられている通りである。教会の改革は、いつでもどこでも、「教会の教えではなく聖書の教えに立ち返れ」というかけ声で始められた。ピューリタンは、そのプロテスタントの先鋭である。

「ピューリタニズム」とは、もともとイギリスでヘンリー八世の結婚問題を機に起きた中途半端な宗教改革に飽き足らない人びとが、教会のさらなる純化（ピュア化）を求めて始めた運動だった。だから人びとは聖書を読むことにいっそう熱心だったし、教会はその聖書の言葉を正しく解き明かしてくれる指導者を求めた。ピューリタン牧師たちに聖書の解釈と解説の高い能力が求められたのは、そのためである。彼らは、ヘブライ語やギリシア語を学び、原典から聖書を読解し、そこから得た自分の考えを、聴き手にわかるようなメッセージに組み立て直して語らねばならない。これはかなり高度な学問的手順を要する。

ハーバード大学の設立

現代アメリカには、世界の大学ランキングで常にトップの位置を占めるハーバード、イェール、プリンストンといった大学がひしめいているが、これら三校はいずれもこうした任務に就くピューリタン牧師を養成することを第一の目的として設立された大学である。三校ともアメリカ独立以前から存在しているが、最初のハーバード大学が設立されたのは、一六三六年のことである。プリマス植民地への入植から考えても一六年、マサチューセッツ植民地への入植からは、わずか六年しか経っていない(10)。

考えてもみていただきたい。植民地の人口は、まだ一万人にも満たない段階である。人びとはようやく無事に航海を終えてたどり着き、自分の家を建て、礼拝などに用いる公的な集会所を作り、何とか自治政府の体裁を整えたところである。そんな時に、次に作ろうと思うものは何だろうか。「大学だ」と思う人は、まずいないのではないだろうか。「学校を作ろう」と思う人はあるかもしれないが、その場合はまず小学校からだろう。ニューイングランドではやがて初等教育も充実してゆくが、よく知られた「アダムの堕落でわれらみな罪人なり」(In Adam's Fall, We Sinned All) という一言で始まるアルファベット教科書が発行されるのは、半世紀ほど先のことである。

なぜそんな時に、「まず大学を作ろう」と思ったのか。彼らが怖れたのは、現在の牧師たちが死んでいなくなった後、教会の説教を誰がするか、ということであった。もしニューイングランドに大学がなければ、牧師になるためにわざわざ大西洋の向こうの旧世界へ戻り、大学を出て帰ってこなければならない。そんな苦労や危険を続けることは、何としても避けたかったのである。

こうしてピューリタンは早くも大学の建設に乗り出した。ちなみにこれは、大学史において明確に「プロテスタント的な大学」を作るという最初の実験でもあった。プロテスタントはヨーロッパにも大学を作ったし、イギリス国内にもプロテスタントを受け入れるカレッジはあった。しかしそれらは、いずれも既存のカトリック時代からの枠組みを残したままだった。ハーバードは、はじめから純粋にプロテスタント的ないしピューリタン的な大学として設立されたという点で、中世以来の大学とは設立の理念を大きく異にしている。アメリカは実験の国だが、大学の設立も実験の一つだったのである。

牧師養成の神学校として

もっとも、現在のハーバード大学を見て、牧師養成学校だと思う人は少ないだろう。今日のハーバードにも「神学部」はあるが、それは二百年後の一九世紀に組織されたもので、初期のハーバードとはひとまず別物である。現在の神学部は、学部教育を終えた後に入学するいわゆる「専門職大学院」であるが、それは中世以来の神学・医学・法学という上級学部の一つがそのまま踏襲されてできた姿ではない。初期のハーバードは、いわば学部と大学院を合わせた全体が神学校だったのである。一七世紀の大学印章に彫られた言葉によれば、この大学は「キリストの栄光にあって」(in Christi Gloriam) 建てられ、「キリストと教会に」(Christo et Ecclesiae) 捧げられた大学である。

初期のハーバード大学校章（メモリアル・ホール。佐久間みかよ撮影）

現在の校章では"veritas"（真理）という言葉が三冊の開かれた書物に書かれているが、初期の校章を見ると、一番下の本は伏せられている。これは、人間の理性で知ることのできる知には限界があり、三冊目の本の知識は聖霊の光によってのみ得ることができる、という意味であった。今も大学の建物の各所に残る古い紋章を見ると、それがよくわかる。

どんな学生が入学したのか。当時の入学条件は、ラテン語の韻文と散文が読めて、ギリシア語の動詞や名詞の活用ができればよい、というものだった。当時のニューイングランドには、そんな勉強をさせてくれる中等教育は存在しない。こうした知識は、親や個人講師について勉強するのが基本で、学生は早ければ一三歳でいきなり入学を許可された。今の日本で言えば、中学生くらいの年齢である。

一方、卒業の要件はというと、ヘブライ語とギリシア語で書かれた旧新約聖書をラテン語に訳すことができ、その内容を論理的に説明できること、となっている。

最初期の学生規則を見ると、学生は人生と学問の主たる目的が「神とイエス・キリストを知ること」にあるのを熟慮し、各々祈りに専念すべきこと、聖書を一日二回読み、毎朝七時に教師の部屋で祈りをもって一日を始めるべきこと、などが定められている。ちょっと面白いのは、このお祈りや講義を欠席すると問題になるのだが、それが「週に一回より多く」あると叱られる、と書かれていることである。つまり、週に一度くらいの寝坊は大目に見られた、ということらしい。

学生は、基本的に一日に一学科だけを学ぶ。なぜかと言うと、先生がいなかったからである。ハーバードに限らず、イェールでもプリンストンでも、数人の若い助手を他にすれば、専任の教員は長いこと学長一人だけで、学長は全学年の全学科を担当しなければならなかった。これはかなりハードな責務である。

授業内容を見ると、伝統的なリベラルアーツの三学四科を基本として、ルネサンス期に加えられた三哲学（自然哲学、道徳哲学、形而上学）、それに古代東方言語で成り立っていることがわかる。授業は午前中だけで、午後は各人の読書や自習にあてられた。時間割のサンプルも残っている。月曜日と火曜日には、一年生は論理学、二年生は倫理学か政治学、三年生は算術と幾何学あるいは天文学を学ぶ。水曜日は全学年がギリシア語、木曜日はヘブライ語かアラム語かシリア語を学ぶ。金曜日は修辞学である。これらをすべて担当することができる教授は、よほどの学者でなければならなかっただろう。明らかに、授業内容の焦点は、聖書がきちんと読めて解釈できるようになることにあてられている。

土曜日の授業は特に重要である。まず学長の聖書講解に始まり、次いで上級生の説教演習を聞いた上で、聖書釈義学に移るが、そこでは単に聖書の語義をヘブライ語やギリシア語から写し取るだけではなく、「論理分析」（Logical Analysis）と呼ばれる詳細な神学的釈義の方法を学ぶことが求められる。これは、ピューリタン牧師の説教準備にもっとも必要な作業であった。ピューリタンの説教では、まず聖書の一節が読まれ、次いでそれを簡潔に要約した「提題教理」が述べられ、それから順を追ってその詳細な説明に入り、最後に日常生活における実践的な勧めで終わる。ハーバードは、そのようなピューリタン教会の説教を担当する聖職者を養成するのに最適な教育内容を提供していた。

一般教養の大学として

さてしかし、ここまでが事実の半分である。ハーバードは、そもそもの設立当初から、牧師養成のための「神学校」であるだけではなかった。それはやはり、今日のハーバードが体現しているような幅広い知を目指すリベラルアーツの大学としての半面ももっていたのである。そのことは、卒業生の職業選択にも明らかである。一七世紀全体の卒業生四三九名のうち、実際に牧師となったのは二六六名で、半分強にすぎない。残りの卒業生の進路は、政治行政職六七名、医師三五名、教師一七名、法律家一名などである。

ニューイングランドにはケンブリッジ大学の卒業生が多かったので、同大学に範をとることが多かったが、そのケンブリッジとの比較においても、ハーバードの世俗性は際立っている。当時のケンブリッジでは、学生はすべて聖職籍を取るのが少なくとも建前上は当然のこととされていたが、ハーバードでは入学時にも卒業時にも牧師職への志望を要求されたことはなく、その志を調べられることもなかった。

これはいったいどう解釈したらよいのだろうか。一方で、先ほど述べたように、ハーバードは牧師養成を明確な目的に掲げて設立された大学であった。しかし他方で、卒業生の実際の進路を見てみると、牧師以外の世俗職に就く者も多く、大学もそれを特に困ったこととは考えていなかったようである。さらに不思議なのは、大学を設置した植民地社会もまた、それを問題だとは考えていなかった、ということである。

これもあまり知られていないことだが、ハーバードは私立でなく公立として設立された大学である。設立時には植民地議会が四百ポンドの公金を拠出するという議決を行っており、出発点においては行政的にも財政的にも公立大学であった。にもかかわらず、議会でも一般社会でも、牧師になる卒業生が少ないことに文句を言う人はいなかった。

その後の公式文書でも、「神学」の学位には何も触れられていない。一六五〇年の認可状を見ると、大学設置の目的は「あらゆる優れた文芸、学芸と学問の前進のため」と記されているだけである。大学の設置や学位の授与は、中世以来の重要な法的権利だが、ハーバードが学位授与権について明確な規定をもったのは、ようやく一七世紀末のことである。ところが、そこに書いてあるのも、「学識と教養」(Learning and Good Manners) すなわちリベラルアーツの学位だけで、「神学」には何も触れられていない。

伝統的な理解では、神学・医学・法学などの上級学位を授与することができる機関のみが「大学」の名にふさわしいことになっている。おそらくそれを意識してのことであろう、一六九二年の認可状には神学の学位規定が追加され、当時の学長インクリース・マザーに神学博士号を授与して、ハーバードは名実ともに「大学」となってはいる。しかし、こうした路線は必ずしも歓迎されなかったようで、次に博士号が授与されたのは八〇年後の一七七一年、試験の上で神学博士号が正規に授与されたのはそれからさらに百年後の一八七〇年のことである。新世界の教育の府ハーバードでは、上級学位としての神学は特に重視されていなかった、ということである。

神学ではなく教養

ここで、現代なら当然と考えられる前提が、大きな修正を迫られることになる。普通なら、牧師になるなら神学を勉強するのだろうと思うが、当時のピューリタンはそうは思わなかった、ということである。

たしかに、授業の内容は、聖書の解釈に必要な言語の習得が大部分を占めている。だが、それは必ずしも牧師になるための勉強ではない。ではなぜ学ぶのか。それは、ヘブライ語が「諸言語の母」だからである。これを学ぶことは「紳士のたしなみ」と考えられていた。ヘブライ語は、数学と並ぶ「完全言語」とされた。それは、始祖アダムが話していた言語であり、神が創造世界を書いた言語である。人間は堕罪によりその言葉を失ってしまったが、アダムが有していた正確な世界認識を回復するためには、ヘブライ語を学ぶことが不可欠の手段だと考えられていたのである。そのため、初期の学長をつとめた人びとは、いずれもヨーロッパに学んだ「ヘブライ語学者」であった。

ギリシア語も、新約聖書の言語であることとは別に、「一般的な文化価値」として学ばれた。古典語の習得は、人文主義的な教養のもっとも重要な出発点と考えられたのである。ニューイングランドでは、他のすべての英国植民地にまさって人文主義的な教養がよく保持された、とも言われている。つまり、ハーバードは牧師養成を主眼としながらも、はじめからそれに限定されないリベラルアーツ（人間を自由にする学芸）の学びを内容としていた。そして、そのような一般教育こそが、まさにピューリタンの牧師に必要な専門教育の内容そのものだったのである。

逆に、聖書解釈やそれに必要な語学習得以外の本来的な「神学」、すなわち教理を体系的に学ぶ分野になると、ピューリタンはそれほど熱心ではなかった。この分野に相当する授業は、初期ハーバードの課程を見る限り、「信仰問答教育」程度の初歩的な講義しか見当たらない。つまりハーバードは、特定の教派の教義を教え込むという意味での「神学校」ではなかったのである。

学部と大学院

事情は大学院においても同様である。大学を卒業しても、多くの者はまだ一八歳程度なので、そのまま大学に残って修士号を取得することが多かった。大学院での学びは、牧師になるための必須条件ではなかったが、牧師になろうと思う者は実際に修士課程まで残るのが通例だった。卒業生を受け入れる側でもこのことは前提とされており、早くも一六六三年には、「最近の卒業生は第一学位だけを取得して教会に赴任してくるので、はなはだ未熟である」という苦情が残されている。その前年には修士号を取得する者が一人も出ず、「学問の母（Mater Academia）は修士学生を流産した」と評された。つまり、学生は基本的に修士課程を終えることが期待されており、それがハーバード教育の満期終結点と考えられていたのである。

しかし、その大学院課程でも、専門的な神学の研究はほとんどなされていない。当時の学則によると、修士号取得のための資格要件は、論理学、自然哲学、道徳哲学、算術、幾何学、天文学などといったリベラルアーツの延長線上にある諸科が挙げられているだけで、神学は顔を出さない。修士課程の修了者は、卒業前にラテン語で公開の「修了討論」を行うが、そこに登場するテーマも神学より倫理学や形而上学などである。

ただし、ここに言う「修士」とは、今で言う「教養学修士」であって、「神学」の学位ではない。もし神学を本格的に学ぼうとするならば、「教養学修士」取得の後、さらに数年の勉強を積んで「神学学士」(B.D.) となり、その上さらに数年を経て最後に「神学博士」(D.D.) となる。要するに、学位取得は「教養学学士」「教養学修士」「神学学士」「神学博士」という順に進むわけである。この専門的な意味で神学を学ぼうとする者は、ほとんどいなかった。先に挙げた初期ニューイングランドの大学卒業者一三〇名のうち、「教養学修士」(M.A.) をもっていたのは六三名もいるが、「神学学士」(B.D.) はたったの三名で、「神学博士」(D.D.) は一人もいない。後で見るように、この点は、アメリカの知性の平等な分布を観察したトクヴィルの言葉と符合するところがある。

「万人祭司制」の教育

つまり、ハーバードが提供した大学教育とは、牧師養成といっても神学の教育ではなく、リベラルアーツの教育なのである。プロテスタントの聖職者にとっては、まさにそれこそが最適の職業教育であった。一六五五年の卒業式に際して、後でも触れる第二代学長のチョーンシーは、牧師養成のための教育を次のように論じている。「聖書は救いの出来事の他にも多くのことを語っているので、牧師が聖書の真理を説教するためには、学芸や学問（Arts & Sciences）の知識を得ることが有益である。[11]」リベラルアーツ教育の理念は「教養ある紳士」を作ることであり、そのためには聖書の言語を学んでその内容を自由に語ることができなければならない。プロテスタント教会における聖職者像とは、特別に聖なる身分で秘蹟を行う者ではなく、説教という手段で教育を行う者なのである。

宗教改革によって誕生したプロテスタント教会は、聖書を重んじる「聖書原理」に加えて、「万人祭司」という原理をもつ。これは、神と人との仲立ちをするのは聖職者だけではない、という意味である。神の目には牧師と信徒の区別はなく、誰もが神の言葉を直接聞ける祭司なのである。ということは、牧師だけが専門知識をもって信徒に神の言葉を取り次げばよいのではなく、すべての信徒が自分で聖書を読み、自分でそのメッセージを受け止めることができるようになるのが理想だ、ということである。

人文主義的な聖書解釈の技法は、一般的な古典や文学とも共通の技法である。したがって、聖書解釈のための知的な訓練は、牧師志望者に限らず、すべての学生が「ジェントルマン」となるために適切な内容なのである。それは、中世以来の上級学部における神学の学びではなく、リベラルアーツの教養教育においてこそ十全に果たされる。ここに、ピューリタニズムに固有の大学理解がある。

ハーバードが一方で明確に牧師養成という目的を掲げながらも、専門の上級学部としての神学部をもつことを求めず、むしろ教養学部の教育をもってその目的を達成しようとしたのは、このようなプロテスタント的な大学の理念に導かれてのことだった。

カトリックの神学教育

同じ神学教育でも、カトリック教会はこの点でまったく異なる理解をもっていた。アメリカのカトリック教会は、ずっと後の一七九一年に最初の神学校を創設したが、これは司祭養成のための「神学校」であって、リベラルアーツ教育を行う一般大学ではない。その後こうした神学校が増え、それとは別に修道会が運営する中小のカトリック系一般大学も設立されたが、それらが融合することはなかった。

アメリカで教皇の認可状を得ている「カトリック大学」は、現在でもワシントンDCにある「米国カトリック大学」（一八八七年創立）ただ一校であるが、この大学は当初から大学院大学を目的として創立された数少ない大学の一つで、リベラルアーツを根幹としつつ一般学生と聖職志望者の双方を区別なく教育する、という初期ハーバードの理念とはまったく別物である。

他方、イギリスの国教会を見ると、二〇世紀半ばになっても、大卒の資格をもった牧師は四割未満にすぎなかった。アメリカのピューリタニズムがいかに特殊であるかが、これらの数字でもよく理解できる。

ちなみに、同じ宗教改革者の中でも、ルターは長い神学専門教育を受けた神学博士であったが、カルヴァンは人文主義的な大学教育を受けただけで、博士号も修士号も有していない。本書の類型をあてはめると、ルターはカトリック型の聖職者教育、カルヴァンはプロテスタント型の聖職者教育を受けた、ということになる。

浩瀚な大学史を著したステファン・ディルセーは、ヨーロッパの諸大学を法制史や思想史の背景から概観した後、ハーバード大学との比較研究を行う予定だったが、惜しくもその直前に急逝した。その叙述がどのようなものになったかは、もはや想像するしかないのだが、遺された「序文」を読むと、彼が着眼していたところがわかる。そこには、アメリカの大学では「理論的教育と実務的教育が相互に混淆している」と書かれており、それが「民主主義的社会の要求に順応している」特徴として挙げられているのである[12]。もしかするとその叙述は、ここに紹介したような神学教育と一般教育との密接不可分の関係に重なる部分があったのではないかと思われる。

その後の高等教育

「ハーバード」という大学名は、公立大学として設立された時の議決には記されていない。これは、その後同大学に多額の遺産を寄付したジョン・ハーバード（一六〇七－一六三八）を記念してつけられたものである。ジョン・ハーバードは、イギリスに生まれ、ケンブリッジ大学のエマニュエル・カレッジを卒業して牧師となった。同カレッジは、ピューリタン学生を受け入れる数少ない大学だったため、ニューイングランドには彼の他にも多くのエマニュエル・カレッジ出身者がいる。彼も修士号を取得して一六三七年にニューイングランドへ移住するが、翌三八年には結核で死の床に就いてしまう。その遺言で、三二〇冊にも及ぶ自分の蔵書と遺産の半分である七八

ジョン・ハーバードの銅像（著者撮影）

〇ポンドを大学に寄付したのである。これは、二年前に植民地議会が拠出を決めた四〇〇ポンドのほぼ倍にあたる金額だった。

現在のハーバード・ヤードには彼の銅像があるが、銅像のモデルは一九世紀の一学生である。一七世紀の人間で面影を知られている人は少なく、まして早世したハーバードのことだから、その風貌や人となりはまったく不明である。この銅像の作者は、後にワシントンDCにあるリンカン記念堂の座像も制作することになるが、どうりでハーバードとリンカンの二人は、何となく似たような雰囲気で座っている。銅像の左足の先は、訪れる人に撫でられて光っているが、これはそこを撫でると幸運を手に入れることができる、というジンクスがあるからである。

一八世紀に入ると、ハーバードが教理的に弛緩し、不健全な自由思想で堕落した、と批判する人が増え、それに対抗するかたちでイェール大学が創立される。だが、そのイェールも、英国教会の害毒に汚染されて堕落したと言われ、半世紀後にプリンストン大学が創立される。いずれの大学も、同じように牧師養成と一般教育という二つの目的を矛盾なく受け止めていた。

アメリカでは、その後も修士の学位を出す教育機関は多くなかった。そのため、一九世紀から二〇世紀にかけて、諸大学で教える教授や学長の多くが神学校出身者で占められた。この意味で、神学校は「アメリカ諸大学の母」とも呼ばれている。

なお、独立革命前には、ハーバード、イェール、プリンストンの他に、ヴァジニアのウィリアム&メアリ大学、ニューヨークのコロンビア大学、フィラデルフィアのペンシルヴェニア大学、ロードアイランドのブラウン大学、ニューハンプシャーのダートマス大学、そしてニュージャージーのラトガース大学が創設されている。このうち、ベンジャミン・フランクリンが創設したペンシルヴェニア大学を例外として、現在は州立となっているラトガース大学を含め、いずれも会衆派や英国教会など特定の教派を背景として創立され、牧師養成と一般教養教育の両方を提供していた。

いわゆる「アイヴィー・リーグ」と呼ばれるのは、このうちウィリアム&メアリ大学とラトガース大学を除き、ずっと遅れて南北戦争後にニューヨーク州からの土地供与により建てられたコーネル大学を加えた、東部の八私立大学のことである。いずれもそれぞれ特徴をもった名門大学である。他にも一九世紀にはスタンフォードやヴァンダービルトなどの私立名門大学が設立されるが、それらは後で反知性主義の歴史に登場することになる。

2. ピューリタンの生活ぶり

教会の成り立ち

以上が牧師養成という供給側の事情であったとすれば、需要側すなわち町の教会は彼らをどのように迎え入れたのだろうか。まず、ニューイングランドでは人口あたりの牧師数が非常に多かった。一七世紀半ばの数字で言うと、南部のヴァジニアでは牧師一人に対して三千人以上の信徒がいたのに対し、ニューイングランドでは四百人ほどにすぎない。

こんなふうに牧師の存在の重要性を語ると、彼らが社会の権力を一手に握っていたかのような誤解を与えてしまうかもしれない。あらかじめ誤解の種を取り除いておくと、教会の牧師は政治行政職に就くことが法律で禁じられていたので、そういう権力をもつことはなかった。これは、近代的な意味の「政教分離」を意識したためではなく、牧師職に従事することの専門性を尊重してのことである。つまり、あまりに重要で忙しい仕事だから、他の仕事との兼職は不可能だと考えられていただけである。したがって、ニューイングランド社会を中世ヨーロッパ的な「神政政治」のようなイメージで捉えることはできない。

だがそれでも、町の公的な意思決定をする場面では、彼らの発言は大きな影響力をもっていたに違いない。牧師は大卒のインテリとして尊敬を受けており、通りで出会えば、男性は必ず帽子の端を傾けて挨拶をした。教会はどこでも町の中心部に建てられるが、それは「ミーティングハウス」（集会所）と呼ばれたことからもわかるように、日曜日の礼拝だけでなく町の公的な行事一般が行われる場所だった。

牧師職を志す者は、教会員全員の投票により招聘される。カトリック教会やアングリカン教会では、牧師の上に「主教」や「監督」という上級職位が存在するが、ピューリタンはそのような職位を否定したため、牧師は教会員全員の平等な投票によって任職された。主教や監督のいる教派では、聖職者は任命や派遣により数年毎に任地を交代するが、ピューリタンの牧師はそれぞれの教会が招聘するので、多くが生涯同じ教会にとどまり続ける。

では、信徒はどのようにして教会に加わるのか。ニューイングランドでは、世俗秩序も教会秩序も、ともに「契約」の概念を下敷きにしている。その契約は多重である。神は、まずニューイングランドという植民地全体と契約関係にあり、次いでそこに建てられたそれぞれの教会と契約関係にあり、最後にその教会の成員一人一人とも契約関係にある。新しい転入者は、教会全体の前で、自分の信仰を告白し、それを聞いた教会員全員の投票により、加入を許可されるのである。教会への加入は、入会者と神との新たな契約の締結という儀式であった。

この「信仰告白」というのは、かなり高いハードルである。大勢の人の前で自分の信仰を語るには、心の内にあるものを文章表現にもたらす、という知的なプロセスも必要になる。しかも、この契約はすべての教会員に要求される。神の前では、夫も妻も子も、それぞれ個人にすぎない。たとえ両親が教会員であっても、生まれた子は別人格なので、その子も成人した暁には自分で神との契約関係に入らねばならないのである。子どもは、生まれた時には親の信仰に基づいて幼児洗礼を授けられるが、それだけでは一人前の信徒とは見なされない。この点が後で大問題になり、信仰復興運動のきっかけにもなるのだが、それは次章で説明しよう。

高度に知的な礼拝

彼らの生活の中心は、何といっても日曜日の礼拝である。この日は聖書の「十戒」に定められた「安息日」であるから、病人以外は老若男女すべての人が労働を休んで教会に集まらねばならない。正当な理由なく礼拝を続けて欠席すると、罰金が科される。これは植民地の法律に定められており、罰金は教会ではなく政府が徴収する。こういう点では、当時の社会に「政教分離」という概念は存在しない。マサチューセッツでは、ひと月以上の欠席は一〇シリングの罰金、日曜日に音楽やダンスやスポーツをすると五シリングの罰金を科されたが、この罰則は独立革命後もしばらく存続した。

礼拝は、朝九時に始まり、最低でも三時間は続いた。祈りと聖書朗読に続いて説教があるが、牧師はまるまる一週間をその準備にあてる。牧師の祈りが一時間続くこともあり、長ければ長いほど評価された。これは、祈りがその場で自分の言葉により自由になされるからで、定型の祈禱書と祈禱文を用いるカトリック教会やアングリカン教会ではあり得ない話である。

何かの拍子に複数の牧師が礼拝を担当したりすると、さらにたいへんなことになる。一人一人が競い合うように長い祈りを捧げるマラソン大会になるからである。もっとも長い礼拝では、一六二五年に九時間も続いたという悲惨な記録がある。ピューリタン神学によれば、聖日は「永遠の先取り」であるが、この礼拝に出席した人はきっと誰もがそう感じたに違いない。

お祈りの次に説教が来るが、これも二時間ほど続くのが当然であった。ピューリタンの説教は、「プレイン・スタイル」を旨とする。ラテン語やギリシア語を多用したり、プラトンや教父たちを引用したりすることは推奨されず、聖書の内容を平明かつ実践的に語り伝えることが重視された。それでも内容はかなり高度で、神学的にも論理的にも知的な理解力を前提としている。今どきの大学とは違って、聴衆の理解度に合わせて難しいことをわかりやすく語る、などという努力をした気配はまったく感じられない。神学的な主題の説教はとりわけ評判が高く、ニューイングランドで始められたばかりの出版事業で印刷に付されることもあった。だから多くの原稿が現存しているのである。

そんなに長い礼拝なら、途中でつい眠気を催してしまう人も出るだろう。そのような人のために、礼拝中は献金当番が長い棒をもって立っている。棒の一端には丸い玉がついており、子どもが居眠りをすればそれで頭をこつんと叩かれる。他方の端にはリスやキツネの尾がぶら下げてあり、大人が居眠りをするとこれで顔を撫でられた。礼拝中におしゃべりをしたり笑ったりすれば、罰金を科されることもあった。

午前だけではない。昼を挟んで午後の二時からは、また別の礼拝がある。これは「講義」と呼ばれており、より神学的な内容だが、形式は午前中のそれとほとんど変わらなかった。子ども向けの説教などはなく、子どもも大人と同じ説教を聞いて理解することを求められた。日曜の夕食の席では、父親などの家長が「今日の礼拝説教の要点は何だったか」と尋ねることになっているので、きちんと聞いて内容を答えられるようにしておかなければならない。この時代に生まれた子どもたちにとって、日曜日はさぞかしたいへんな一日だったことだろう。

以上からおわかりいただけるように、ピューリタン社会はきわめて高度に知性的な社会であった。だが、老若男女を含む社会全体がいつまでもそのように高度な知的統制に服したままである、ということはあり得ない。そこに「反知性主義」の芽生えがある。

実像のピューリタン

「ピューリタンはユートピアを発見したが、それはちっとも楽しくないユートピアだった」といわれる。「ピューリタン」という言葉でわれわれが連想するのは、厳格で気難しくて不寛容というイメージだが、実はこれらは一九世紀になされた戯画化の産物である。ついでにここで、彼らの生活や実像にまつわるトリビアを少し紹介しておこう。

初期のピューリタンは、今日なら教会にあって当然と思われるもの、たとえばオルガンや鐘や尖塔なども拒否した。結婚式の白いドレスや指輪の交換なども、彼らには無縁である。理由は、それらがいずれも「カトリック的」だからである。讃美歌は、はじめ詩篇の言葉を斉唱するだけの単調なものだったが、後には複数のパートに分かれて歌う和声も認められるようになる。クリスマスもカトリック的な「冒瀆」だから、絶対にお祝いしてはならない。一六六〇年には「クリスマスに贈り物交換や着飾った外出や宴会などの違反を犯した者には五シリングの罰金を科す」というお布令が出されている[13]。

ピューリタンは性に関してことさら潔癖だったと言われるが、これも実像は別である。彼らの残した文書を読むと、男女の性愛についてかなり直截で快活な書き方をしている。特に夫婦の愛については、キリスト教史の中ではじめて結婚の善が独身に勝ることが語られている。ピューリタン夫婦の間に交わされた手紙などは、熱い愛情に溢れた文章で、生まじめだが率直に精神と肉体の喜悦が記されている。

水没した学長

面白い話には事欠かないが、ピューリタンが面白いのは、そういう話をどれもこれもみな大まじめで記録した、というところだろう。「プロローグ」で触れたジョン・ウィンスロップの『日記』は、彼が植民地総督として働いた日々を綴っており、歴史資料としても貴重だが、その中に記されているエピソードを一つだけ紹介しておこう[14]。

一六四二年のことである。チャールズ・チョーンシー（一五九二―一六七二）という牧師は、幼児洗礼について神学的に研究し、当時も今も主流となっている滴礼（数滴の水を頭にたらす）ではなく、古代教会が行ってきた浸礼（全身を水に浸す）であるべきだという結論に達した。だが、教会員はあまりそれを喜ばなかった。彼らの気持ちもよくわかる。何せ冬は零下十数度にもなるニューイングランドのことだからである。そこで人びとは、周辺諸教会に書簡を送って意見を尋ねたり、公開討論会を開いたりして彼の意見を変えようとしたが、チョーンシーは動かぬままであった。

そうこうするうちに、彼自身にも子どもが生まれた。双子の男の子だったが、その子たちにも幼児洗礼を授ける日がやってくる。彼が自分の神学的見解に従って幼子を水に浸けると、何とそのうちの一人があまりの寒さに

第二代学長のチョーンシー

失神してしまった。それを見て、次に洗礼を授けてもらおうとして自分の子を抱いていたある母親は、恐ろしくなってパニックに陥った。彼女は、牧師が振り向いた瞬間、子どもを渡すまいと必死にもがいてつかみ合いになり、そのあげくにチョーンシーを水の中へと引きずり落としてしまったのである。いや、記録によると「すんでのところで」とあるので、実際に水没するまでには至らなかったのかもしれないが。当時のことであるから、彼は高価なかつらを被っていたに違いない。それがプカプカと水に浮いたところなどを想像してみると、なかなか笑える話である。

その後チョーンシーは乞われてハーバードの第二代学長に就任するが、この事件がトラウマになったらしく、幼児洗礼について論じることはその後いっさいなかったという。ハーバードの学長もたいへんな仕事である。

第二章　信仰復興運動　反知性主義の原点

1．宗教的熱狂の伝統

テレビ伝道者と大統領選挙

アメリカへ旅行したことのある人なら、誰でも経験したことがあるだろう。ホテルに入り、テレビのスイッチを入れてチャンネルを回してみると、それがどの州のどの町であろうと、昼間であろうと夜中であろうと、必ずひとつやふたつ、宗教番組を流している局がある。いわゆる「テレビ伝道」である。彼らは莫大な資金で自前の放送局を運営し、二四時間三六五日体制でこうした番組を提供している。巨大な礼拝堂、きらびやかなステージ、男女の魅力的な説教者、ユーモアたっぷりの巧みな話術、洗練された音楽。大聴衆を前に熱弁をふるい、ついでに献金の送り先もしっかりアピールする「テレバンジェリスト」たち。その絶大なパワーのゆえに、ひところは大物のセックス・スキャンダルが相次いで報道されたが、それで下火になるという様子もなく、今でも営々と続けられている。他の国には見られない、きわめてアメリカ的な現象である。

アメリカはまた、四年ごとに大統領選挙という大きな政治ショーを繰り返す。そのプロセスは実に苛烈で、候補者は予備選挙での指名獲得から党大会での受諾演説、そして長い本選挙までを勝ち抜き、ようやく最後に勝利宣言をして新年の就任式を迎えることになる。巨大なスタジアムを会場にした集会の興奮と熱気たるや、圧倒的なものがある。あれに比べると、日本の選挙は、何と気の抜けたおざなりな茶番劇に見えることか。もちろん、日本とアメリカでは制度の違いもあろう。しかし、政治のしくみを勉強するだけでは、アメリカ政治のこうした大がかりな大衆動員戦と集団的熱狂の伝統を理解することはできない。

メガチャーチの礼拝。2013年にはＣＮＮ「アメリカ的経験の10光景」のひとつに選ばれた

これらの現象の背景をなしているのが、「信仰復興」（リバイバル）である。それは、前章で見たようなピューリタン社会の知的土壌の上に開花し、以後繰り返しアメリカ史にあらわれる、いわば周期的な熱病のようなものである。リバイバルの最初の大波は一八世紀に訪れ、アメリカ独立革命を精神的に準備した。一九世紀に再来した時には、奴隷制廃止運動や女性の権利拡張運動に指導的な役割を果たし、二〇世紀には公民権運動や消費者運動に影響を与えた。なぜリバイバ

ルがこうした運動の原動力となるのか。それは、リバイバルが「平等」といううきわめてアメリカ的な理念を強く呼び覚ますからである。平等の主張は、プロテスタント信仰の中で、はじめは精神的な領域に限局されていたが、やがて長い時間をかけて実社会における平等へと転化する努力につながってゆく。このラディカルな平等主義こそ、本書が追求する「反知性主義」の主成分なのである。

信仰復興運動の発端

「教育ある牧師たちが完全に否定されるという最初の大事件は、一八世紀半ばの大覚醒の時期に起こった」とホフスタッターは書いている[15]。これが、反知性主義の出発点である。しかし、「大覚醒」や「信仰復興運動」という言葉は、日本のおおかたの読者にはなじみが薄いと思われるので、まずはその説明から入ろう。

なお、以下の叙述では、「信仰復興」「信仰復興運動」「リバイバル」「リバイバリズム」という用語は、あまり大きな意味の違いを意識せずに使われている。歴史的な現象には漢字を、現代の現象にはカタカナを使う傾向があるが、両者は同一線上にある出来事である。「大覚醒」（The Great Awakening）という言葉も、ほぼ同義に使われる。こちらは最初に発生した一八世紀の「第一次」信仰復興運動を指すことが多いが、「第二次大覚醒」という言葉もよく出てくるので、これもあまり神経質に区別する必要はない。

信仰復興が最初に明瞭な記録として残されたのは、一七三四年のことである。それは、マサチユーセッツのノーサンプトンという町にいたジョナサン・エドワーズ（一七〇三－一七五八）という牧師による記録である。いったいどんなことが起きたのか。とりあえず、出来事だけを現象的に描写してみよう。[16]

その年の春、二人の若者が相次いで急死し、人びとの間に人生のはかなさについての実存的な不安が広まった。これに数人の回心が続き、さらにある身持ちの悪い婦人が劇的な回心を遂げるに及んで、町全体が急速な宗教心の高揚を見るに至る。巷では、目に見えて風紀が改まってゆく。浮かれ騒ぎや不謹慎な会話がなくなり、酒場が空になり、慈善が増える。断食をはじめる者もある。教会の礼拝や祈禱会は大盛況で、集まった人は救いの歓喜や罪の悲嘆にむせび泣く。ひきつけや痙攣などの身体的症状を起こす人もある。とにかく、町をあげての大騒ぎである。恍惚状態に陥ったまま、一日まったく身体を動かさない人もあった。人びとは集会が果てた後も祈り、讃美歌を歌い、夜を徹して語り合う。家路に着いた人も、大声で泣きながら通りを歩いていった。当時人びとが交わす挨拶の言葉は、「もう経験されましたか」だったという。こうした状態が数ヶ月ほど続く。

要するに集団ヒステリーである。この現象は伝染力が強い。一つの町から隣の町へと次々に広がってゆき、地域一帯がしばらくの間騒然となる。しかも、どこかに唯一の発生源があって、それが各地に伝わるのではなく、各地で同時多発的に自然発生したものが広がって互いに融合してゆく、という具合である。この時は、北東部のマサチューセッツ地域からニュージャージーなどの中部植民地までの一帯にかけて、複数の火種から燎原の火のごとく広がっていった。

後述するように、その担い手は名前も知られぬ多くの素人伝道者だが、なかには次第に人びとの間に名を馳せてゆく者も出てくる。本書では、そのうち特に目立つエドワーズとホイットフィールドという二人の人物を紹介しておきたい。エドワーズは、今述べた通り、この信仰復興の発端を克明に記録し、自分もその指導者として活躍した牧師である。晩年には現プリンストン大学の学長ともなった人で、アメリカ・ピューリタニズムを代表する、いわゆる超インテリの神学者である。これに対して、ホイットフィールドの方は、イギリスから何度も渡米して信仰復興運動の強力な推進役となった伝道者である。二人はほとんど正反対というほど異なる性格の持ち主だが、リバイバルに関してはまったく同じ志をもつ協働者であった。

「誠実な報告者」エドワーズ

エドワーズは、一七三四―三五年の信仰復興を記録し、これを『誠実な報告』という文書にして出版する。それによると、この出来事にかかわったのは、彼の教会の成人会員ほとんどすべてであった。その中には、男も女も黒人もおり、年齢的には四歳の少女から七〇代の高齢者までが含まれている。彼らは、それまでの自分の信仰が生ぬるいものであったことを反省し、「回心」を経て真の信仰に達することを願った。といっても、ほとんどの人ははじめから教会に所属している信徒であるから、その時はじめてキリスト教の信仰に目覚めた、というわけではない。それは、「リバイバル」「復興」という言葉の通り、すでに信徒であった人が新たに信仰の深まりを得るに至る、ということである。その背景には、後述するように、ニューイングランドに特有の教会員資格の問題が潜んでいた。

一七四一年には、さらに大きな信仰復興の波が訪れる。そのきっかけを作ったのが、アメリカ史上もっとも有名な彼の説教「怒れる神の手の内にある罪人」である。多くのアメリカ人は、エドワーズの名前を知らなくても、この説教のことだけは知っている。それは、この説教がピューリタンの代表的な説教として、長く学校の教科書に取り上げられる定番だったからである。

七月のある日曜日のことであった。エドワーズは、隣町の教会から応援を頼まれて説教に行った。周辺の町では、ホイットフィールドの活躍もあって、すでに信仰復興の兆しを見せており、前の週には信仰告白により一挙に九五人が教会の正規会員に加えられていた。しかしエドワーズは、同じ内容の説教を前の月に自分の教会でしていたので、隣町でも特に大きな変化が起きるとは予想していなかったに相違ない。彼はいつものように、教会堂の後背壁面に垂れ下がる鐘の綱をじっと見据えたまま、ほとんど何の動きも見せずに、静かな声で語り始めた。「あなたがたは、怒れる神の手の内にある罪人です。神は、燃えさかる地獄の業火の上に、いまにも焼き切れそうな細い糸であなたをつり下げています。」

ところが、今回は何かが違った。人びとは、説教を聞きながらだんだん重苦しい雰囲気に包まれてゆく。説教はこう続いている。

昨晩あなたが目を閉じて眠った後、地獄に堕ちることなく再びこの世に目を覚ますことができたのは、まったく何の理由もないことです。今朝あなたが起きて後、地獄に堕ちなかったことには、何の根拠もありません。ただ神の手があなたを支えていたにすぎないのです。今日あなたが礼拝をするためにこの教会に来て座ってから今この時まで、地獄に堕ちなかったことにも、何ら根拠はありません。まさに今この瞬間、あなたが地獄に堕ちないでいられるのも、まったく理由のないことなのです[17]。

聴衆一人一人への「あなた」という直接で危急の呼びかけが、クレッシェンドを伴って次々と畳みかけられ、その焦点が「まさに今この瞬間」の危機へと集束している。そこまで聞くと、人びとは実存の深淵を覗き込んだような思いに囚われ、呻き叫びながら椅子からころげ落ちるようにして彼のもとに集まり、「救われるために自分は何をしたらよいのか」と尋ね続けたという。

ジョナサン・エドワーズ

エドワーズは、喧噪のため結局この説教を終えることができなかった。これが、「大覚醒」の始まりを告げる出来事である。

残念なことに、アメリカ史においてこの説教があまりに有名になってしまったため、ピューリタンやエドワーズのことになると、誰もがこの説教を思い出す。まるで彼らは、いつも地獄の業火による脅しばかりを語っているかのような印象が広まってしまった。念のため書き添えておくが、これはエドワーズの説教のごく一部にすぎない。彼の思想は、もっとずっと広く幽玄で、神の優美と祝福を語る明るい肯定的なものである。

信仰復興はなぜ起きたか

それはともかく、なぜこのような現象がこの時期に起きたのか。研究者たちはその理由をいろいろに論じてきた。商業中産階級の勃興、政治行政上の対立、あるいは若者の性的な不安と焦燥などを挙げる人もある。だが、歴史の「なぜ」はいつも複合的で、これという決定打を明快に指摘できるとは限らない。

多くの場合、そこには「内的な要因」と「外的な要因」の両方が合わさって働いている。禅の教えに「啐啄」（そったく）という言葉があるが、まさにそれである。「啐」は雛が内側から卵の殻を破って出ようと鳴く声で、「啄」は母鳥がそれに応じて外側から卵の殻をつついて割ろうとする音のことである。どちらかだけでは雛は生まれない。その両方が同時に揃うと、新しい事態が生まれるのである。

では、この場合の「啐」すなわち内的要因とは何か。それは、ニューイングランドの人びとにくすぶっていた、回心体験への強い希求である。前章で触れたように、ピューリタンは教会の純化を求め、一定の要件を満たした「見ゆる聖徒」だけで教会を構成しようとした。次章で詳しく説明するが、宗教社会学ではこのような集団を「分派」ないし「セクト」と呼ぶ。それは、既存の母集団を批判して、より純粋な別集団を新たに形成しようとする人びとの集まりである。いきおいその成員になるハードルは高く、はじめは結束も固い。しかし、やがて時が経つと、どうしても緩みが出る。というのは、その新集団もやがて成長し拡大してゆくからである。すると知らぬ間に、母集団を批判して飛び出てきたはずの新集団は、自分が批判してきたその母集団に類似してくる。

ニューイングランドでも、同じことが起こった。ピューリタンは、旧世界では既存の体制を批判する人びとであったが、新世界ではみずからが体制を建設しこれを担ってゆく側にある。その矛盾がここに露呈するのである。

幼児洗礼と半途契約

具体的に言うと、彼らが直面していたのは、第二世代や第三世代への信仰の継承の問題であった。キリスト教の信仰では、「生まれながらのクリスチャン」というのは一人もいない。キリスト教の歴史が始まって以来二千年このかた、キリスト教徒はすべて一人残らず、人生のどこかでキリスト教徒に「なった」人である。これはキリスト教の教義の根本部分に属しており、その限りどの教派にも共通のことである。たとえキリスト教徒ばかりの国でも、たとえ両親がキリスト教徒でも、人は人生のいつかに洗礼を受けて、はじめてキリスト教徒になるのである。

なかには、生まれてすぐ幼児洗礼を授けられる者もある。これは古代末期にはじまった習慣であるが、その幼児洗礼を受けた者も、やはりいつか自分で信仰告白をしなければ、一人前の信徒には数えられない。大人になって、自分で信仰を告白できるようになると、いわゆる「堅信礼」

という儀式を経て、はじめて正規の信徒となるのである。

成人になってからピューリタンになった者は、あくまでも自分の自発的な決断によって教会に加わったのだから、それでよいだろう。しかし、その子はどうだろうか。必ずしも親が経てきたのと同じような信仰の体験を得られるとは限らない。そもそも、どのような経験をすれば、それが「恵み」であり、どのような心の変化があれば、それを「回心」と呼べるのだろうか。

信仰熱心な親を身近に見ながら、自分ではなかなか同じような回心体験をすることができずにいる子、少なくとも自分で回心したと言い切ることができずにいる子が出てきても、不思議ではない。そのような第二世代は、身体的には成人しても、教会ではいつまでも半人前でしかないことになってしまうのである。

教会員籍と公民資格

いやそんなことは本人の問題だから、放っておけばよいではないか、と思われる方もあろう。だが、一七世紀のマサチューセッツでは、そうも言っていられない事情があった。それは、町の公民資格が正規の教会員籍をもつ者に限定されていたからである。つまり、教会員だけが投票権をもち、政治に参加することができる、という決まりであった。教会の正式会員になれなければ、市民社会でも半人前扱いなのである。

さらに問題なのは、そういう未回心の会員は、自分に子どもが生まれても、その子に洗礼を授けてもらえないことである。幼児洗礼は、親の信仰を担保として授けられるものである。親が責任をもって「子どもをクリスチャンに育てます」という約束をすることで、いわば先取りとして子どもに洗礼が授けられるのである。第二世代は、第一世代である親の信仰により幼児洗礼を受けることができたが、その自分に子どもつまり第三世代が生まれても、親としての自分の信仰が未確定なため、幼児洗礼を授けてもらうことができない。幼児死亡率の高い時代にあっては、このことは途方もなく危険なことであった。もし洗礼を受けずに死んでしまったら、この子の運命はどうなるのであろうか、という怖れである。

この問題を解決するために一六六二年に考案されたのが、「半途契約」という制度であった。「半途」というのは、成人会員としての契約に達する途上にいる、という意味である。これによって、回心未体験の人でも、子どもに洗礼を授けてもらうことができるようになった。同じ原理はさらにその後の世代にも適用されるため、ニューイングランド教会はここに、成員の信仰の成熟度にかかわりなく、無限軌道に乗って次々に再生産を繰り返す制度を確立させたことになる。「見ゆる聖徒」のみによる純粋な教会を地上に建設しようとしたピューリタン第一世代の願いは、ここで大きな妥協を余儀なくされることとなった。

エドワーズが赴任したノーサンプトン教会は、前任者の時代にさっそくこの新しい制度を導入しており、一八世紀初頭までには教会員の過半数がこの半途契約者になってしまっていた。つまり、教会員の多くは、真の回心体験を経ぬまま、名目上の会員となってはいたが、それが本来あるべき状態ではない、という自覚を強くもっていたのである。できれば早く自分も回心を体験して、名目上だけでなく文字通り一人前の教会員となり、政治社会にも公民として貢献したい、という願いが彼らのうちに滞留していた。つまり、事態はきっかけを待っていたにすぎない。彼らは、火をつければすぐに燃え上がるような、カラカラに乾いた干し草のような渇望状態だったのである。

人口増と印刷業の発展

次に、「啐啄」の「啄」すなわち彼らを取り巻く外的な状況はどうだったか。ニューイングランド社会は、一八世紀に入って大きな変化を経つつあった。その変化はいくつかの数字になって表れるが、第一は人口の急増である。一七〇〇年から一七四〇年まで、つまり最初の大覚醒が起きるまでの四〇年間に、植民地の人口は二五万人から九〇万人へと増加した。二六〇%の伸びである。言うまでもなくこれは、自然増ではなく外からの流入である(18)。

ところが、既存の教会はこの爆発的な人口の増加に対応する術をまったくもっていなかった。「半途契約」の話でわかるように、教会の指導者たちは小規模な閉鎖的分派として出発した集団をどのように維持してゆくか、ということに腐心するばかりだった。自分たちの定住開拓地で安定した社会を築くことに精一杯で、海の向こうから押し寄せてくる新しい移民をどうするかなどは、海辺の港町で考えてくれればよい、くらいにしか受け止めていなかっただろう。しかし、その新参者の彼らこそ、不慣れな土地で心の糧を求める不安いっぱいな人びとだったのである。

人口増とともに大きな要因は、大衆メディアの発達である。王政復古後のイギリスでは、「出版許可法」が出版物の取り締まりを定めていたが、この法律が一六九五年に廃止される。するとまたたく間に印刷所が増え、月刊や週刊や日刊の読み物が次々と発行されるようになる。事情はイギリス領のニューイングランドでも同じである。一八世紀最初の四〇年の間に、「ボストン・ニューズレター」や「ボストン・ガゼット」など、植民地全体で一二もの定期刊行物が発刊され、それを流通させるための経路も急速に整備されていった。ある資料によれば、マサチューセッツの書店業者は同じ四〇年間に四倍になっている。印刷施設は、一七四〇年まではボストンに集中していたが、六〇年にはフィラデルフィアもボストンに匹敵するほどの出版量を誇ることになる。

メディアとコンテンツの循環

彼らはどんな内容の情報を伝えたのか。まさにそれが、信仰復興なのである。旧イングランドでも新イングランドでも、「リバイバル」というテーマはこうした大衆メディアの中心的な話題であった。植民地の出版業者は、ロンドンで発行された同種の刊行物を情報源にして、その内容をしばしば再掲したが、自分たちでも植民地内部のさまざまな情報を蒐集する努力をした。集められた記事を見ると、牧師の説教や論文のようなものもあるが、各地のリバイバルに関するニュースの方が多い。出版業者たちは、今日のように専門の記者や特派員を抱えて各地へ派遣したわけではないので、その情報源は旅人、船乗り、行商人、巡回説教者、軍人などの話だった。一般読者からの投稿もある。どこそこの町で、こんなリバイバル集会が行われ、何人が集まり、誰がどんな話をした、という情報である。そういう各地の信仰復興の経過を、読み物として求める人びとの需要があった。

最初に触れたエドワーズの『誠実な報告』も、そのようなメディアに載った文書の一つである。それはまずロンドンで出版され、好評を博するとボストンへ逆輸入されて出版された。その結果エドワーズは、大西洋の両岸で信仰復興運動の主要な担い手として認知されるようになった。それはまた、「リバイバル記録」という新しい情報ジャンルが創成されたことを物語る。ルターの宗教改革でも、同じことが起きた。彼の訳したドイツ語聖書は、グーテンベルクの印刷技術によって人びとに広く流布されるようになり、それが宗教改革という大きな精神史的現象を推進する力となった。そのようなメディアとコンテンツの相即が、ここでも再現されたわけである。

出版には、ハード面すなわち印刷所や書店や流通経路などといった産業構造の整備と、ソフト面すなわち求められる情報内容の充実という両面が必要である。一般大衆の需要に応じて情報が供給されるようになると、その情報がさらに需要を掘り起こし、供給のために必要な回路を自分で作り上げてゆく。コンテンツがメディアを作ると、そのメディアが逆に今度はコンテンツを育て、それを伝えるメディアもさらに発達する、という循環が起きるのである。

2.「神の行商人」

「メソポタミア」の一言で

このようなメディア戦略を最大限に有効活用したのが、信仰復興運動のいま一人の担い手であるホイットフィールドであった。エドワーズの方は、信仰復興運動の分析家であり指導者であったが、自分自身は新設間もないイェール大学を卒業したインテリで、本来はどちらかといえば旧いレジームに属する人間である。これに対してホイットフィールドは、むしろその旧体制を打破して新風を吹き入れる側の人物である。信仰復興運動の本筋からすれば、ホイットフィールドの方が影響力は大きかったし、彩り豊かでエピソードも多い。「反知性主義」の原型を探るわれわれの意図からすれば、明らかに彼の方が一枚も二枚も役者が上だろう。

ジョージ・ホイットフィールド（一七一四－一七七〇）は、イギリスのグロースターに生まれ、オックスフォード大学在学中に、後のメソジスト教会創設者ウェスレー兄弟と知り合い、回心を経て英国教会の牧師となる。はじめロンドンで説教者として頭角を現したが、ジョージアに孤児院を設立するため、ウェスレーの名代として渡米する。その時はさほどでもなかったが、一七三九年に再訪した時、彼はすでに大説教家として知られていた。エドワーズを含む多くの人からの招きに応じて、彼は南はジョージアから北はメインまでを一年かけて回り、何千という聴衆を前にして、ほとんど毎日のように説教した。若い頃は俳優を志していただけあって、彼はよく通る声をもっており、身振り手振りを交えた平易な言葉で多くの人を魅了した。

ホイットフィールド。生来の内斜視が人びとに強い印象を与えたらしく、いくつもの肖像画が残っている

その語り口たるや、まったく見事という他ない。

彼は、同じ言葉を四〇回まで繰り返し、しかもその一回ごとに感動が高まるように語ることができた。ある日の観察によると、それは「メソポタミア」という一語だったという。「メソポタミア」というのは、聖書の中に出てくる地名の一つにすぎない。いったいどんな文脈でそれが出てきたのか見当もつかないが、彼がただこの言葉を何度も語調を変えて叫ぶだけで、それ以外何も話していないのに、全聴衆は涙にうち震えたという。現代のテレビ伝道者もかくやと思われるほどである。ひとは彼を「神の演出家」(Divine Dramatist) と呼んだ。

こういう話は他にもたくさん残っている。植民地の急速な人口増が新興移民によるものであることはすでに述べたが、彼らの出身地はアイルランド、スコットランド、ドイツなどであった。わずかな身寄りと資金を頼りに、見知らぬ土地へやってきた彼らである。心細いことも多かっただろう。そういう人びとが、子ども時代から知っている聖書の話をする集会があると聞けば、行って心の糧を得たいと思うのもよく理解できる。

移住してきたばかりのあるドイツ人女性は、英語が一言もわからないのに、ホイットフィールドの説教を聞いて感極まり、「人生でこれほど啓発されたことはありません」と叫んだとか。この逸話は、リバイバリズムの底の浅さを揶揄して語られたものだが、大都市で当て所もなく彷徨っていた移民たちの不安と宗教的需要をよく物語っている。そして、定住者による安定した社会の維持を願っていた当時の既成教会には、こうした不安な大衆を受け入れる準備がまったくできていなかった。人びとの潜在的な宗教的需要は、かつてないほどに膨れあがっていたのである。

フランクリンとの出会い

反知性主義の由来を尋ねる過程で、特に興味を惹かれるのは、このホイットフィールドとフランクリンとの出会いである。後に見るように、アメリカの反知性主義には二つのエンジンがある。ひとつはこれまで語ってきたような宗教的動機であり、もうひとつは後で触れる実利的なビジネス精神である。そして、この二つが見事に融合した典型例が、二人の出会いと交流なのである。

ベンジャミン・フランクリン（一七〇六―一七九〇）を知らない人は少ないだろう。凧で雷の実験をしたり、印刷業を営んで大儲けしたり、あるいは独立革命と憲法制定に知恵を出したりと、多方面で八面六臂の活躍をした実業人である。現在のアメリカでは、百ドル紙幣の肖像に使われているので、ちょうど日本の福沢諭吉のように、お目にかかるとつい拝みたくなるような、ありがたい人物である。

百ドル札に描かれたフランクリン

そんな実利家のフランクリンであるから、もちろん宗教などにかぶれるはずがない。彼は世間の評判に頼ることなく、何でも自分で実地に見分して確かめようとする科学的精神のもち主であったから、一七三九年にホイットフィールドがフィラデルフィアにやってくると、さっそく彼に会いに行っている。この二人は、低い身分の出自、豪放磊落な性格、不屈の起業家精神といった個人的な背景や気質でも、共通するところが多い。

ホイットフィールドの方でも、フランクリンに相談したいことがあったようである。それは、彼がジョージアに建てようとしていた孤児院の計画のことだった（ちなみに、この孤児院は今日でも存在する有名な施設である）。当時ジョージアは開拓が始まったばかりで、もともとはイギリス本国で負債を抱えて投獄された人を送り込むための植民地だった。ところが、困難な開墾事業のせいで命を落とす人が続出し、後には多くの孤児が残されていたのである。相談を受けたフランクリンは、孤児院を建てるという計画そのものには賛成したが、ジョージアには建築の資材もなく職人もいないのだから、それを全部フィラデルフィアから費用をかけて送るくらいなら、こちらに孤児院を作って子どもたちを連れてきた方がよい、という考えだった。しかし、ホイットフィールドは頑としてこの忠告を聞かず、最初の計画に固執したので、フランクリンは気分を害して寄付を断ったのである。

フランクリンの絶賛

ところが、である。その後たまたま、フランクリンはホイットフィールドの説教を聞く機会があった。話の展開で、また寄付が集められることになるのを悟った彼は、あらかじめ「一文だって出すものか」とひそかに腹を決めた。その時、彼のポケットには、銅貨がひと握り、銀貨が数枚、金貨が五枚あったという。にもかかわらず、ホイットフィールドの説教が進むにつれて、その決心は次第に緩みだし、「まあ銅貨ぐらいなら出してもいいか」と考えるようになった。さらにもう少し続けて聞いていると、今度は自分のそんな考えがケチに思えてきて恥ずかしくなり、

「銀貨も一緒に出すことにしよう」と思い直す。しかし、しまいには説教があまりに見事な終わり方をしたので、最後は金貨も何もかも、ポケットの中のものを洗いざらい全部、回ってきた献金の皿にあけてしまったという。あのフランクリンでさえ、ここまで心を奪われてしまうくらい、ホイットフィールドは名説教家なのである。[19]

この集会には、別のこんな人もいた。この人も孤児院のジョージア建設についてはフランクリンと同じく反対だったので、寄付を依頼されても何も出すものがないようにと、用心のため家を出る時にポケットを空にして来ていた。ところが、説教を聞くにつれて彼の決心も揺らぎ、どうしても寄付したくてたまらなくなり、隣に立っていた知り合いにお金を貸してくれと頼んだのである。あいにくそれは、この集会で心を動かされなかった唯一の人物だったようである。彼の返答はこんなものだった。「ホプキンスンさん、他の時だったらいくらでもお貸ししましょう。だが、今はだめです。お見受けするところ、あなたは頭がどうかしておいでのようですからね[20]」これも、フランクリンが『自伝』で伝えている逸話の一つである。

ただ、集めた寄付が不正に使われているのではないか、という疑いに対しては、フランクリンははっきりとホイットフィールドを弁護している。二人の関係は、やがて緊密な共同事業ともいうべき出版ビジネスへと発展し、それが生涯続くことになるのだが、その間もずっと、フランクリンはホイットフィールドが誠実で廉直な人物だったことを証言している。彼が言うには、自分は特にホイットフィールドの信仰を共有していないので、自分の証言はあくまでもビジネス上のものであり、いっそう信頼されてよいはずだ、とも語っている。

フランクリンは、ホイットフィールドを生涯の友人かつビジネスパートナーとして扱ったが、こと信仰に関しては、まったく感化を受けなかったようである。伝道熱心なホイットフィールドのことだから、きっといろいろと機会をみては回心を勧め、彼のために祈りもしたに違いない。だがフランクリンは、「その祈りがかなえられたと考えて満足を味わうようなことにはついにならなかった」と、まるで人ごとのように軽妙で愉快な述懐を残している。

メディアの活用

最初の渡米時にほとんど無名だったホイットフィールドは、二度目の時はすでに有名人になっていた。その間に起きたのは、「説教しては印刷する」(preach and print) という独自の伝道方法の成功である。彼は、自分の説教予定を新聞や雑誌という大衆メディアで次々と同時進行的に宣伝した。この新しい伝道方法は、先に述べたような印刷や出版の大きな進歩がなければできなかっただろう。この点で、彼は現代のテレビ伝道者のひな型と言ってよい。

その手腕は実に見事で、今日の会社経営者も舌を巻くほどである。彼は、二六歳ですでに自分の回心物語を出版し、自分がどんな人間であるかを広く世間に宣伝した。伝道活動に出かける時には、「広報担当者」を同伴してその活動を記録させ、説教や日誌を次々に印刷へと回し、そしてそれを自分の行く先々へとあらかじめ配布する。「今度は何月の何日にこの町へ行きます」と周到に予告しておくのである。

後で触れるが、こうした巡回伝道は、地元の教会の牧師たちにはすこぶる評判が悪い。ところが、彼はそういう地元教会との軋轢すら逆手にとって、前評判を高めるのに利用した節がある。ホイットフィールドの言動が引き起こす騒動は、一五ヶ月の滞在の間、これら印刷媒体の格好の題材となった。印刷業者フランクリンも、ちゃっかりこの新しいビジネスチャンスを活用し、ホイットフィールドの説教や日誌や自伝を出版して大きな収入を得ている。こうした業者たちにとり、ホイットフィールドは飛ぶように売れる「聖なる商品」だった。

つまり彼は、一八世紀前半という商業化と消費革命の時代にふさわしい伝道者であった。やがて彼は自分でも、何日にどこへ行き、何回説教して、何人くらいの聴衆を集め、そして献金をいくら集めた、という詳細な記録を残すようになる。四一年には、みずから「週刊歴史報」というリバイバル雑誌の編集を始めた。つまり、他人のメディアに掲載してもらうのを待つのではなく、自分で思う通りに説教や日誌を出版するようになったのである。これも、現代アメリカのテレビ伝道局の手法につながっている。

当時の匿名投書には、彼を「神の行商人」(Pedlar in Divinity) と非難するものもあった[21]。自分で自分の仕事を制作し、商品化し、宣伝し、販売したのだから、悪く言えば、彼は自分で大騒動を引き起こしておいて、それを偉大な神の業だと宣伝して触れ回り、それでさらに人を集めた、ということになろう。研究者によっては、だから信仰復興というのは「自作自演」劇だ、と言う者もある。たしかに、そこには相乗効果ないし互恵的な利益供与の関係が認められるだろう。しかし、リバイバリズムの発生そのものを印刷業者の仕組んだビジネスとして説明することはできない。それは、宗教改革という巨大な精神史的事象をひとえに印刷業者の利潤追求のたくらみと見なすことができないのと同じである。

ホイットフィールドとエドワーズ

ここに、信仰復興をもう一人の立役者である先ほどのエドワーズの視点から見直す必要がある。ホイットフィールドは、正規のニューイングランド諸教会からは総スカンを食らっており、誰も彼に自分の教会で説教させようとする牧師はいなかった。しかしエドワーズは、この若く気性の荒い伝道者を評価し、一七四〇年秋の来訪に際してはさっそく自分の教会へ招いて説教をさせている。

その時の印象を、エドワーズの妻セアラがこんなふうに伝えている。

彼は、ここアメリカの説教者とは違って、教理（doctrine）についてあまり語りません。むしろもっと心に訴えかけようとしています。彼は生まれながらの語り手です。その深い声をお聞きになったことがおありでしょう。清涼な音楽のようで、聞いているだけで心地よいものです。聖書のごく単純な真実を述べるだけで、彼が聞く者を魅了してゆくのを見るのは、ほんとうにすばらしいことです。わたしは、千人近い聴衆が時折声を抑えてすすり泣き、じっと息を潜めて彼の言葉に耳を傾けている様子を見ました。彼は、無学な者にも教育のある洗練された者にも、等しく受け入れられています。イギリスでは、彼の言葉を聞く炭坑夫がすすけた頬に涙を伝わらせていたということですが、ここでも、日雇いの働き人が店を閉め、

道具をおいて彼の説教を聞きに行きます。（一七四〇年一〇月二四日）(22)

ホイットフィールドの説教が、単純素朴な福音のメッセージを伝えるもので、教理一辺倒の堅苦しい説教ばかりを聞かされてきたアメリカの人びとに大きなインパクトを与えたことがわかる。「無学な者にも教育のある者にも等しく」というところも、反知性主義の出発点を示している。

下世話な関心であるが、自分の奥さんが同業者をここまで褒めるのを聞いたエドワーズは、いったいどんな気持ちだったろうか。もちろんエドワーズは、彼の考えや行いをすべて是認していたわけではない。真の信仰は、一時的な感情に支配されることとは別である。エドワーズが機会を捉えてそのことを正面から告げたため、結局ホイットフィールドは自分に心から打ち解けてくれなかったようだ、とやや淋しげな述懐も残している。

エドワーズの妻セアラ

他方、ホイットフィールドの方では、エドワーズに自分と異なる性格像を見ながらも、敬愛の思いをさらに深くしたようである。とりわけ彼は、夫婦愛に満ちた二人の家庭に深く印象づけられ、自分も結婚して家庭をもちたいと思うようになった。それでホイットフィールドは、後に結婚した妻を伴って、もう一度ノーサンプトンを訪れている。この時の様子もエドワーズは月刊誌に寄稿しているが、奥さんによる感化のためか、ホイットフィールドは最初の訪問の時よりもずっと謙遜で穏和で賢明になっていたという。

歴史の証言者になるとは

もう一度問題を振り返っておこう。信仰復興という出来事は、結局のところ関係者たちの自作自演劇だったのか。核心となる問いは、エドワーズもまたホイットフィールドのように、人為的に信仰復興を作り出すことに加担していたか、という点である。

彼が出版した最初の記録文書が「誠実な報告」という題だった、ということを思い出していただきたい。ことの顚末は、まずエドワーズ自身にもまったく予想外の出来事であった。さらに重要なのは、彼がそれを「すでに過ぎ去った出来事」として描いている、という点である。エドワーズは、ひとたび訪れた信仰復興の波が、もはや退潮してしまった、ということを明白に語っている。

この記録は、一七三五年の春に頂点を迎えた熱狂が、ある信徒の錯乱と絶望による自殺をきっかけに急激に冷めてゆき、他の多くの者も「この自殺者に追随せよ」という悪魔の声に迫られた、という事実を隠すことなく記し、それを「結論的考察」として終えている。背筋を冷やすこのような事後報告は、彼がボストンの牧師に宛てて最初に記した手紙にも緊急の「追伸」という形で添えられており、後日出版された形態でも削られていない。信仰復興の退潮とともに、町の信仰も道徳も風紀も衰えてしまったことが嘆かれているが、そこまでを含めての「誠実な」報告なのである。これからリバイバルを「盛り上がらせよう」と思っていたのなら、そんな報告はしなかったはずである。

加えてここには、歴史の「証人」となるとはどういうことか、という本質的な問いが浮かび上がっている。出来事の報告者たちがその出来事の登場人物でもある、ということは、実はすべての真正な歴史証言に必須の事態である。なぜなら、証人であるということの中には、当事者であるということが含まれるからである。誰も、第三者を介して知ったことを「証言」することはできない。歴史の証言者は、常に自分が証言しようとする出来事の一部である。目撃した出来事を、自分がそこに居合わせ、気がついた時にはすでに自分も否応なくそれに巻き込まれていたところの出来事として語るのが、「証言者となる」ことの本質である。したがって、物語る証言者は、必ずその物語中の登場人物でもある。その「出来事内在性」が、証言者に証言者たる資格を与えるのである。証言者は、自分を語ることなくして歴史を証言することはできない。歴史はすべて、誰かによって語られた歴史なのである。

伝道集会の規模

実際のリバイバル集会は、どんなふうに開かれたのだろうか。この時期のアメリカに信仰復興が起きた背景の一つに急激な人口の増加があったことは、すでに述べた。新しく到着した移民たちは、まずは入港した町に滞留する。当時のアメリカには一万人を越える人口を擁する「都市」が三つ誕生しているが、その三つとはボストン、ニューヨーク、フィラデルフィアで、いずれも海沿いの町である。ホイットフィールドも海沿いに伝道旅行を続けたが、それぞれの集会には数千人が集まり、時には周辺住民を巻き込んで二万人に達したという。彼はその数字をロンドンでの集会と比較して、満足を書き残している。

ここで疑問が起こるかもしれない。マイクやスピーカーもない時代のこと、いったい本当にそんな大きな集会で、声が届くのだろうか。そういう疑問を抱いた読者のあなたは、フランクリンと同じくらいに賢明である。実は彼もその噂を聞き、実際にそれを確かめたくてホイットフィールドの集会に出かけたのであった。フランクリンの自伝には、そのことがこんな風に記されている。

この人は声が大きくよく通る上に、単語にせよ文にせよ非常にはっきりと発音するので、ことに聴衆がどんなに数が多くともいつもできるだけ静かにしているせいもあって、ずいぶん遠いところにいても話がよく聞こえた。ある晩彼が裁判所の玄関の階段の一番上から説教をしたことがあった。裁判所は市場通りの中央、これと直角に交わる二丁目の通りの西側にあったが、通りは両方ともかなり離れたところまで聴衆がいっぱいであった。私は市場通りの一番うしろの辺にいたが、好奇心にかられ、通りを川のほうへ下って行って、どの辺まで彼の声が聞えるか試してみたい気になったので、やってみると、フロント通り近くまではっきり聞こえるが、その辺まで来ると通りがやや騒がしくなってはっきりしなくなることが分った。そこで私の計った距離を半径とする半円を描き、そこに各々二平方フィートを占める聴衆がぎっしりつまっているものと仮定すると、彼の声は三万人以上の人に立派に聞こえる勘定になる。これから考えて、彼が野外で二万五千からの人々に説教したという新聞記事も、将軍が全軍に号令したという昔の話も、以前は本当とは思えない気が時にしたものだが、決して嘘ではないことを悟った[23]。

　いかにもフランクリンらしい実験である。リバイバル集会は、大都市だけでなく地方の町でも行われた。多くの場合、町の広場や河原や森の空き地などが会場となり、時間も週日の夕方など日曜日以外が選ばれる。この伝統は、現代のリバイバル集会にも受け継がれている。一九世紀後半になると、こういう集会のために特設の大テントが張られるようになる。こうした「天幕集会」は、町にサーカスがやってきた時と同じ扱いである。二〇世紀になると、野球場が使われるようになった。ちなみに、東京のリバイバル集会でよく使われたのは、後楽園球場である。

ホイットフィールドが自作した折りたたみ式移動説教台（Library of Congress 所蔵）

　ただ、野外の集会は、天気の良し悪しに左右されて具合が悪い。そこで人びとが寄付を募ると、たちまち建設のための資金が集まり、フィラデルフィアにはロンドンのウェストミンスター・ホールと同じくらい立派な集会場ができあがった。この集会場は、町の人びとに何か言いたいことがある者は、どの宗派のどの牧師であっても、自由に使うことができる。というより、普通の教会の牧師は自分の教会があるので、それを使わない。だからこの集会場は、特定の宗派のためではなく、一般市民のために建てられた、いわば超教派的な「コンベンション・センター」と言ってよい。フランクリンが自慢げに言うには、仮にトルコから「マホメット教の伝道師」が派遣されてきたとしても、ここに説教壇が用意されている、というわけである。(24)

3. 反知性主義の原点

なぜ野外集会なのか

だが、そもそもなぜ野外なのか。そしてなぜ日曜日以外なのか。本書の関心からすると、ここが大きなポイントである。それは単に、多くの人が集まることのできる場所が他になかったからではない。そうではなくて、町の体制を支配している既成教会の牧師たちが、こぞって反対したからである。彼らは、自分たちの教会をそういうリバイバリストに提供しようとはけっして思わなかった。

「神の行商人」と揶揄されたホイットフィールドだが、行商人のように神の話を売って歩いたのは彼だけではない。リバイバリズムの主たる担い手は、彼ほど有名でないたくさんの巡回説教師たちである。彼らは、まさに巡回セールスマンのように、町から町へと渡り歩いて神を商売にした。その出自はまったくそれぞれで、どこかの大学を卒業したわけでもなく、どこかの教会で任命されたわけでもない。みずからの信仰的確信だけを頼りに、ある日どこからともなく町にやってきては、人びとを集めて怪しげな説教をして回るのである。

ところが、皮肉なことに、彼らの話は抜群に面白い。何せ、それまで人びとが聞いてきた説教といえば、大学出のインテリ先生が、二時間にわたって滔々と語り続ける難解な教理の陳述である。それに比べて、リバイバリストの説教は、言葉も平明でわかりやすく、大胆な身振り手振りを使って、身近な話題から巧みに語り出す。既成教会の牧師たちがいくら警告を発しても、信徒がどうしてもそちらになびいてしまうのも無理はない。潑刺とした語り口に惹かれて行く信徒たちを見て、町の権威だったはずの牧師たちは、深刻な引け目を感じたことだろう。

古女房かコーラスダンサーか

ホフスタッターはこれを、「あたかも、舞台のコーラスダンサーの最前列の若い娘に心を奪われた亭主を見ている古女房」にたとえて説明した[25]。見事にぴたりとくるたとえ方である。そして、このやや低俗とも思われるたとえ方自体が、アメリカの底流をなす反知性主義を適切に表現していると言ってよい。われわれがゆっくりとその歴史を追いかけている反知性主義の原点とは、要するにひとことで言うと、このぴちぴちとしたコーラスダンサーが振りまく魅力であり、その若い娘たちに見とれている亭主の心持ちなのである。難しい話はさておき、ともかく思わず見とれてしまう、そのうっとり感。古女房の冷たい視線を脇に感じながらも、それで何が悪い、という一抹の開き直り感。これである。

彼らの話が面白いのは当然である。それだけが彼らの商売道具だからである。「メソポタミア」のエピソードを思い出していただきたい。フランクリンによると、ホイットフィールドの説教を何度か聞いているうちに、それが新作の話か旧作の話かを区別することができるようになったという。何度も使い回された説教は、繰り返すごとに手を入れて改良されるため、言葉の調子から音の抑揚まで「すべて申分なく調っていてそつがない」ようになる。しまいには「内容には興味を惹くものがなくとも、話を聞いているだけでいい気持になり、優れた音楽から受ける快感によく似たものを覚えないではいられない」ようになってしまう、ということである。エドワーズの妻セアラも、さきに引用した文章で同じことを言っていた。これに対して、普通の教会の牧師は毎週同じ相手に語るため、同じ説教を繰り返すということができない。いきおい巡回説教師の方が話が上達する、というのがフランクリンの分析である。

反知性主義の決めぜりふ

もちろん、既成教会の牧師たちも彼らをそのまま野放しにしていたわけではない。当時の牧師連合会では、「ハーバードかイェールを卒業した者でなければ、教会では説教させない」（プリンストンの創立はもう一〇年ほど後である）ことを定めたりしたが、そんな取り決めは野外で勝手に開かれる集会には無力である。彼らもときには闖入者に面と向かって問い糾すことがあった。「いったいあなたがたはどこで教育を受け、何の学位をもち、どの教会で牧師に任職され、誰に派遣されてきたのか。」

しかし、リバイバリストの方ではそんな問いに答える義理はない。逆に牧師たちに向かって、昂然と言い返すのである。「神は福音の真理を『知恵のある者や賢い者』ではなく『幼な子』にあらわされる、と聖書に書いてある（「マタイによる福音書」一一章二五節）。あなたがたには学問はあるかもしれないが、信仰は教育のあるなしに左右されない。まさにあなたがたのような人こそ、イエスが批判した『学者パリサイ人のたぐい』ではないか。」——これが、反知性主義の決めぜりふである。

キリスト教に限らず、およそ宗教には「人工的に築き上げられた高慢な知性」よりも「素朴で謙遜な無知」の方が尊い、という基本感覚が存在する。神の真理は、インテリだけがわかるようでは困る。それに触れれば誰もが理解できるような真理でなければならない。とりわけアメリカは、ヨーロッパという旧い世界との対比で自分のことを考える。ヨーロッパは、知的で文化的だが、頽廃した罪の世界である。自分たちはそこを脱して新しい世界を作ったのだ。だから人間の作り上げたそういう文化的な知よりも、聖書が説く神的な原初の知へと回帰したい、というのが彼らの願いなのである。反知性主義は、「学者」と「パリサイ人」つまり当時の学問と宗教の権威者をともに正面から批判したイエスの言葉に究極の出発点をもつ。

原点への回帰

リバイバリズムは、この意味でも一種の回帰運動である。ここに表れているのは、知性と霊性との対立ではなく、知性のヘゲモニーに対する霊性の異議申し立てである。知性そのものに反対しているわけではない。だが、霊性より知性が重要だ、という価値づけには激しく反対する。そしてその拠り所は、「神の前では万人が平等だ」というきわめてラディカルな宗教的原理である。どんなに高い学問を修めていても、どんなに高い地上の権威を身に帯びていても、神の前には他の人と何ら変わりのない一人の人間であり、一人の罪人であるにすぎない。

当時イェール大学の学生だった血気盛んなある若者は、敬虔さの足らない教師のことを「この椅子ほどにも恵みを受けていない」と言い放って退学処分になった。この若い学生とは、やがて先住民伝道で後世に名を残すことになるデイヴィッド・ブレイナード（一七一八－一七四七）だが、当時の権威ある大学教師に対しても、彼は何ら気後れすることなく堂々と対峙している。

ホイットフィールドも、ハーバード大学の教師たちを辛辣に批判して物議を醸した。彼にとって、学問があるとか肩書きがあるとかいうことは、信仰的な確信があることに比べると、何の価値もないことなのである。ハーバード大学は、地域の牧師たちにホイットフィールドを警戒せよという「お触れ」を出したが、その警戒ぶりは信徒たちの目には滑稽なほどで、「フランスの軍艦が押し寄せてきたとしても、こんな恐慌状態にはならないだろう」と噂された。

他にも、ペンシルヴェニアやニュージャージーなどの中部植民地を拠点としたリバイバリストに、ギルバート・テネント（一七〇三－一七六四）がいる。彼もイェール大学出身の長老派牧師であったが、他の町へ巡回説教に出かけることを禁じられると、そういう体制派のインテリ牧師たちを批判して、「教育はあっても回心体験のないパリサイ教師」と切り捨てた。

これらの人びとに揺るぎない自信を与えているのが、信仰である。こういう事例からも、反知性主義が信仰復興運動のもつ「神の前での平等」という理念によって呼び起こされ下支えされていたことが理解できよう。ここでは、地上の学問や制度の権威は、神の前でのラディカルな平等意識に吹き飛ばされてしまっている。

「熱心」の逸脱

とはいえ、当時の人びとが信仰復興という出来事をみな同じように見ていた、というわけではない。「熱心」（enthusiasm）という言葉は、今日なら肯定的な響きをもつが、当時はとても悪い意味だった。「あの人は熱心だ」というのは、「あの人は常軌を逸した危険人物だ」という意味だったのである。信仰復興運動をめぐっては、賛成派と反対派がくっきりと分けられ、伝統的な価値観をもってこれに反対する保守派は「古き光」、賛成派は「新しき光」と呼ばれた。

「古煉瓦」と呼ばれたチャールズ・チョーンシー（曾孫）

なかでも、ボストン第一教会の牧師を六〇年にわたってつとめ、その建物と同じ「古煉瓦」という名を奉られた旧体制派のチャールズ・チョーンシー（一七〇五－一七八七）は、「古き光」の代表的なスポークスマンだった。前章末のエピソードで水没しかかった同名のハーバード大学学長は彼の曾祖父だが、曾孫のチョーンシーも曾祖父に劣らぬ旧体制の擁護者である。彼は、リバイバルに高揚した連中が「偉大な神の業」と賛美したものを単なる「熱狂」と断じ、「虚偽」「誇張」「混乱」「迷信」などの言葉で辛辣に非難している。「新しき光」派は、「一七四三年には一一一人の牧師たちが信仰復興の事実を報告している」と誇らしげに宣言したが、チョーンシーによれば、この数字は全ニューイングランドにいる会衆派牧師の四分の一にすぎず、大騒ぎするほどの人数ではない。

たしかに、救いの歓喜や絶望の悲嘆などの過剰な感情表現、礼拝中の阿鼻叫喚、けいれんやひきつけという身体的兆候など、日常生活にも支障をきたす秩序の紊乱も目につく。集団的な興奮は、悪魔的な崩壊を呼び起こすこともある。一七三四－三五年の信仰復興に際しては、回心体験を得られずに絶望して自殺した人が出たし、四一年の信仰復興では、ジェイムズ・ダヴェンポートという「熱心」な伝道者が精神錯乱に陥って大騒動を引き起こした。ダヴェンポートは、奇矯な言動を繰り返したあげく、周囲の牧師たちを片端から「未回心」と非難して彼らの反撃に遭い、逮捕されて追放されるに至る。

こういう過激な逸脱が起きるところは、「反知性主義」という言葉が誕生した一九五〇年代のマッカーシズムとまったく同じ展開である。ダヴェンポートの逸脱はそれでも収まらず、「現世への歪んだ執着をもたらす」として、かつらや装飾品、特に書物などを山積みにして火を放つなどの行動を繰り返した。

「詐欺師」の伝統

運動の牽引役であった牧師や説教師たちにも、節度のある者とそうでない者が混在していた。エドワーズやホイットフィールドは、大学教育という意味でも伝統的な牧師の資格を有しており、それぞれ語り口の違いはあっても、知的節度を保っていた。しかし、各地を自由に渡り歩いて騒動を引き起こす自称「説教者」たちの中には、奇跡や癒しのわざを売り物にするなど、耳目を集めることばかりを目論む輩もいた。

アメリカの「詐欺師」の伝統もここに端を発する。巡回伝道者は、自分の信仰的確信が唯一の資格証明なので、誰でもなれるし、誰でもそれを装うことができる。そもそも「巡回セールスマン」という職種が、きわめてアメリカ的である。彼らは、よい商品を安く手軽に売ってくれるが、なかには買い手を騙すようないかがわしい人物もあろう。信仰を売って歩くセールスマンも同じである。こういう詐欺師をアメリカでは昔から「コンマン」(con man)と呼ぶ。その語源は confidence つまり「信頼」だが、他人の信頼を逆手にとって偽物を売りつける連中のことである。

映画「ペーパー・ムーン」

面白い話はいくつもあるが、一九七三年の大ヒット映画「ペーパー・ムーン」はその一つである。大恐慌時代の中西部を背景に、聖書を売りつける詐欺師の男と、母親を亡くした九歳の少女とが旅を続けてゆくロード・ムービーの傑作である。

詐欺の手口はいたって簡単である。新しい町にたどり着くと、彼はまず地元の新聞を買う。そこには最近亡くなった人の名前と住所が載っているので、それを頼りに未亡人を訪ねるのである。そのやりとりは、だいたいこんな具合である。


「あの、トーマス・ベイツさんはご在宅でしょうか。」

「いいえ、実は彼は二週間前に亡くなりましたの。」

「ええっ、そうでしたか、それは存じませんでした。お悔やみを申し上げます。」

「それで、ウチの夫にどういうご用件ですの?」

「わたしはカンザス州聖書刊行協会の者ですが、つい先日ベイツさんから銘入りの聖書をご注文いただきまして、今日はそれをお届けにあがったのです。」

「まあ、夫がそんな注文をしたなんて、ちっとも聞いていませんでしたわ。」

「ええ、奥様へのサプライズ・プレゼントにしたいからと、美装幀の高級品をご注文になって。ここに『愛するエレノアへ』と銘を入れてあります。」

「まあほんと。わたしの名前だわ。あの人ったら、死んだ後にもこんな嬉しいことを。」

「八ドルですが、お買いにならなくても結構ですよ。」

「いいえ、もちろん買わせていただくわ。ほんとにありがとう。」

主人公役のテータム・オニールが、史上最年少の一〇歳でアカデミー助演女優賞を受賞したことでも話題になった映画である。もちろん、詐欺は悪いことだが、その手口の巧妙さと、それを助ける少女の機転があまりにスマートで、誰もがその詐欺を応援したくなってしまう。こういう「コンマン」が、巡回伝道という業態を背景として生まれた伝統である。

バート・ランカスター主演による一九六〇年の映画「エルマー・ガントリー」も、同じ部類である。この映画についてはこれから後の章でも何度か取り上げることになるが、信仰復興の熱狂ぶり、そのうさん臭さ、伝統的な教会の反応、メディアとのかかわりなど、この章で説明したことがいずれもよく映し出されている典型的なストーリーである。

映画「エルマー・ガントリー」

主人公のガントリーは、もともと巡回セールスマンだった。各地を渡り歩いて、相手を上手な口車に乗せては要らぬ商品を売りつける。映画の設定では、あちこちの町になじみの女性がいて密会をしたり、酒場で出会った女性と一夜を共にしたり、暴力沙汰に巻き込まれたりする。行くあてがなくなって困ると、教会の集会に紛れ込み、即席で聖書の話をしたり讃美歌を歌ったりして人びとを信用させては食事にありつく、といった具合である。やがて彼は巡回伝道団に加わるが、やることは結局セールスマンと同じである。売るものが変わっただけで、各地を巡回して歩くところは変わらない。

「コンマン」は、たしかに詐欺をはたらく悪い奴なのだが、痛快でけっして憎めない、一種の大衆ヒーロー的な役割をもっている。この点も後でもう少し詳しく説明しよう。

信仰復興と「アメリカ」の成立

信仰復興は、独立革命の三〇年ほど前に起きた出来事である。それは、各人が自分の内面を見つめ、自分に信仰があるかどうかを吟味することを求める。そして、ひとたび確信をもつことができれば、地上のいかなる権威を怖れることもなく、大胆に挑戦したり反逆したりする精神を準備する。このような自主独立の精神が、個の自覚と平等の意識を培い、結果的にアメリカ社会を独立革命へと導き、その後の民主主義の発展を促したことは、容易に想像できるだろう。

植民地全体の統一という点でも、信仰復興の果たした役割は大きい。それまでの植民地は、イングランドだけでなく、スコットランド、アイルランド、ドイツ、オランダ、スイスなどと出身国の背景ごとに別々に色分けされており、その上にカルヴァン派、ルター派、カトリック、クエーカー、バプテストなどという教派の違いが塗り重ねられていた。信仰復興は、こうした出身や教派の違いを容易に乗り越えて伝播する。人びとはそこではじめて「アメリカ」という一体性を感じるようになったのである。「アメリカ」とは、今や彼らがたまたま住んでいる土地の名前ではなく、共に属する一つの国の名前になった。イギリス系植民地人ではなく、「アメリカ人」の誕生である。

エドワーズの妻セアラがホイットフィールドについて言ったように、リバイバリストにとって教理の違いはあまり重要ではない。アメリカのキリスト教は、教派ごとの教理や聖職者の行う儀式を中心としたものではなく、信徒各人が直接に経験できる回心と新生を中心とした実践的な性格をもっている。このようなアメリカ型キリスト教の形態を「エヴァンジェリカル」(福音主義)という言葉で表すが、それは教派を超えたキリスト教の最大公約数的な生活実感を代弁する概念である。

「新しき光」の中心であるイェール大学は、東部や中西部に生まれた諸大学へ卒業生を送り出し、その諸大学がさらに代表的な指導者たちを輩出することで、このアメリカ的なキリスト教の骨格を形成していった。一九世紀の指導者チャールズ・フィニーやドワイト・ムーディも、二〇世紀の大衆伝道家ビリー・サンデーも、さらには現代の派手なテレビ伝道者に至るまで、みなこのアメリカ的な福音主義という伝統の担い手である。もし大覚醒がなかったなら、アメリカのキリスト教はまったく異なった姿に成長したことであろうし、そうなればアメリカの文化も政治も経済も外交も、今とはまったく異なった相貌を示したことであろう。その意味で、信仰復興運動こそがアメリカを作った、と言っても大げさではない。

リバイバリズムは、南部や西部へも伝播し、そのたびに文化や歴史をさまざまに塗り替えていった。マーク・トウェインの『トム・ソーヤーの冒険』には、南部の小さな町に信仰復興の波が訪れ、やがて去ってゆくありさまが、子どもの目を通してユーモラスに描かれている。奴隷解放運動や女性の権利拡張運動も、信仰復興運動から原動力を得て伸展する。これらも、「神の前での平等」というラディカルな理念に促されてのことである。

第三章　反知性主義を育む平等の理念

1. アメリカの不平等

平等理念のプロテスタント的起源

前章で見たように、反知性主義は宗教的確信に根ざしたラディカルな平等観に端を発している。神の前には、学のある者もない者も、大卒のインテリも小学校すら出ていない者も、それぞれが同じように尊い一人の人格である。

カトリックの信仰体系の中では、それでも司祭と信徒との間、あるいは修道者と俗人との間に、大きな身分上の違いがあった。しかし、宗教改革が打ち立てたプロテスタントの原則では「万人祭司」なので、牧師と信徒の間に本質的な違いはない。プロテスタントの牧師は、神学的には聖職者というより一人の信徒で、聖書の解釈と説教に必要な知的訓練を受けた者にすぎない。だからこそ知性のあるなしが焦点になってしまうのだが、リバイバリズムではその知性すらも必要で

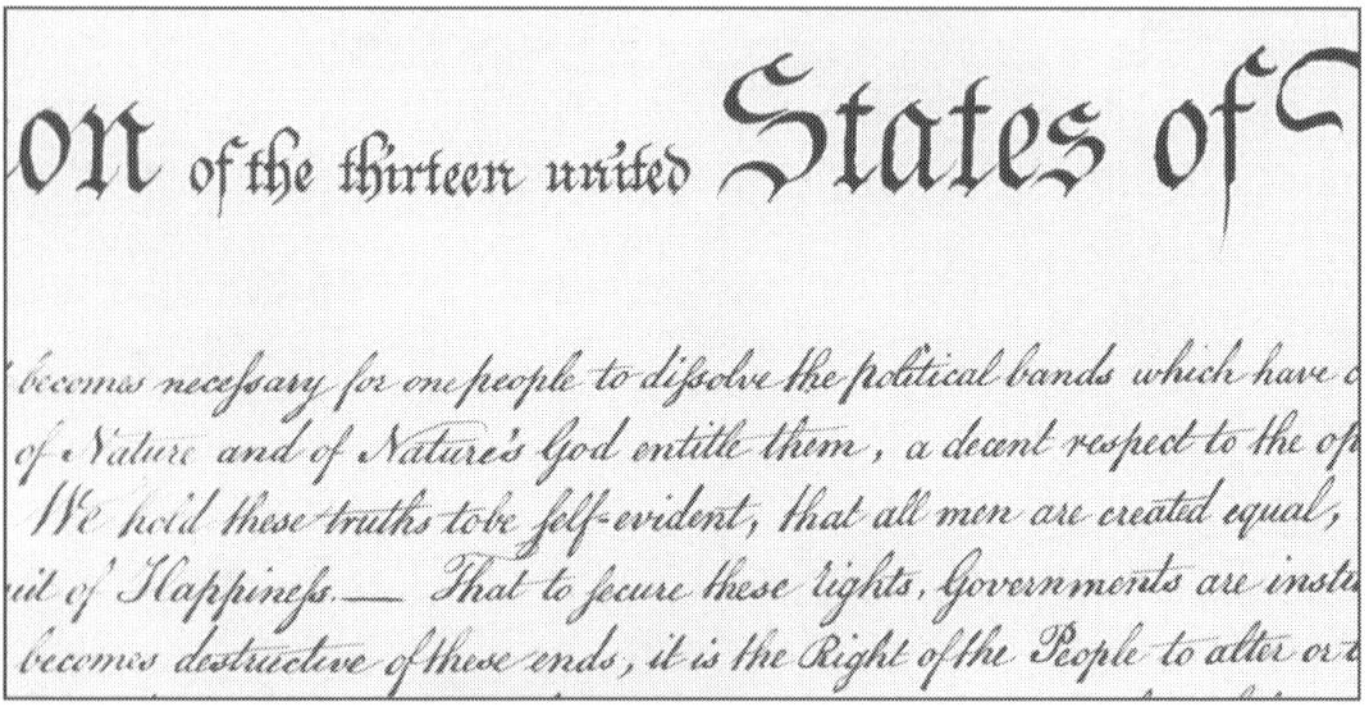
on of the thirteen united States of
becomes necessary for one people to dissolve the political bands which have
of Nature and of Nature's God entitle them, a decent respect to the op
We hold these truths to be self-evident, that all men are created equal,
uit of Happiness.— That to secure these rights, Governments are insti
becomes destructive of these ends, it is the Right of the People to alter or

「独立宣言」の一部。本文３行目に “all men are created equal” と見える

はない、という声が高まることになる。

　プロテスタント教会には、カトリックのような修道院も存在しない。修道士として出発したルターは、あえて元修道女と結婚し、世俗社会に暮らす者にも修道者と同じように神に仕える道があることを示した。教科書風にまとめるなら、これがマックス・ヴェーバーの論じた「プロテスタント倫理」を生み出してゆくことになる[26]。かくして、プロテスタントが圧倒的な主流派であったアメリカでは、「平等」という価値観が他のどの国よりも強力な原理となり、それが民主主義の原則とも適合してさらに強められる結果となった。

　個人だけではない。国家としてのアメリカ合衆国の独立も、この「平等」理念に基づいて進められた。イギリスの圧政に抗してトマス・ジェファソン（一七四三－一八二六）が起草した独立宣言には、「すべての人は平等に創られた」とある。本国人と植民地人との間に、住むところによって不平等が生じている事態を許さない、という意味である。イギリスという国家がそういう平等を実現できないなら、独立して別の国になるしかない。アメリカは、平等を求めて独立したのである。独立宣言のこの言葉は、福澤諭吉の「天は人の上に人を造らず人の下に人を造らず」という言葉へと翻案され、やがて日本でも知られるようになった。

平等は画に描いた餅か

だが、万人の平等は、理念としてはすばらしいかもしれないが、現実とはかけ離れている。一国の内だけを見ても、性別や人種、教育や階層、家庭や生育環境、さらにはもって生まれた才能や性格や身体に至るまで、人間の社会はありとあらゆる格差に満ちている。まして、同じことをひとつの国と別の国の間で比べたら、平等などという理念はただの画に描いた餅にすぎない、と言われてもしかたがないだろう。

万人の平等を説いたジェファソンからして、自分自身は広大なプランテーションを所有しており、多くの黒人奴隷を使用し、そのうち一人の女性と関係をもって子どもを産ませていたことが知られている。言っていることとやっていることが正反対ではないか。

こういう現実を見て、平等とは事実の判断ではなく、掲げられるべき理念であり、向かうべき目標である、と論ずることもできる。福澤の言葉も、よく読んでみると、生まれた時はみな平等なのに、人の貴賤上下が生ずるのは、各人のその後の努力によるのだから、精進して学問に向かうべし、という「学問のすすめ」になっている。ということは、福澤も結局は人に貴賤上下があるという現実を追認している、ということになろう。

しかしそれでも、平等の理念をただの「画餅」にすぎぬと切り捨てるわけにはゆかない。独立宣言の言葉は、その後のアメリカ合衆国の歴史を見ると、一九世紀には女性の権利を求める運動に引用され、二〇世紀にはアフリカ系アメリカ人の公民権運動に掲げられた。キング牧師の演説にも引用されていることからわかるように、それは一歩ずつでも社会がより平等になってゆくための原動力として、なお意義をもっているのである。

平等という言葉の内容にも、多くの議論がある。大事なことは、権利や出発点や法の下における平等なので、その後の努力によって格差が生じることまでは否定しない、という意見もある。政治哲学や経済学の分野では、それぞれ政治参加の平等や分配の平等が論じられ、「機会の平等」「結果の平等」「潜在能力の平等」「資源の平等」「必要性充足の平等」などといった多くの概念が提案されてきた。これらの議論はあまりに錯綜しているため、平等はもはや政治理念としては「絶滅危惧種」である、と宣告する者すらある。(27)

平等の超越的な根拠

しかし、もっと不思議なことがある。それは、目の前の現実がこれほど不平等だというのに、われわれはなおも万人が平等だと信じている、ということである。少なくとも原理上は、地球上のどの人間も等しく尊厳をもち、等しく人間として扱われるべきだ、と考えている。アメリカ人であろうとネパール人であろうと、日本人であろうとエチオピア人であろうと、どこの国の誰もが、つまり「万人」が平等であるべきだ、と考えている。現代人のこの疑われざる信念は、いったいどこから来るのか。それは、ひとつの国の中で富や財をどのようにしたら平等に分配できるか、という経済学の問いではなく、もう少し哲学的ないし神学的な問いである(28)。

ジェファソンが「すべての人は平等に創られた」と宣言した時、彼は単にアメリカ国内の平等ではなく、そもそも国を超えたところでの万人の平等を見ていたはずである。その平等理念を根拠として、アメリカはイギリスから独立して別の国を造る権利がある、と論じたのだから。そこで彼が見ていたのは、「創られた」という言葉が示すように、創造者なる神の存在である。ジェファソンの言う神は、聖書の神よりもう少し広い「一般的で理性的な超越者」というほどの意味だろう。だが、それにしても彼は、そういう超越的存在に言及することなく万人の平等を語ることはできなかったのだろうか。

福澤も、おそらくジェファソンのこの言葉を下敷きにして、あの「天は人の上に人を造らず人の下に人を造らず」という言葉を書いている。なぜ彼は、そんな引用文を使ったのだろうか。なぜ平等を語る者は、洋の東西にかかわらず、「天」や「創造」という超越的な概念を用いるのだろうか。

宗教的には平等だが

読者の方々は、おそらくここで、その平等の理念の根柢にキリスト教の創造論があることを察知しておられるだろう。だが、ことはそう簡単ではない。なぜなら、そのキリスト教の歴史においてこそ、平等思想は簡単には生まれなかったからである。

「神は人間を平等に創造した」というのは、実はキリスト教史においてもかなり新奇な教えである。キリスト教徒は、ごく最近まで、神が人間を不平等に創造した、と信じていた。いや、もちろん聖書には、「神の前で万人は平等だ」と書かれている。使徒パウロは、「もはや、ユダヤ人もギリシヤ人もなく、奴隷も自由人もなく、男も女もない。あなたがたは皆、キリスト・イエスにあって一つだからである」（「ガラテヤ人への手紙」三章二八節）と言う。だが、その同じパウロは、教会の中で女性が指導者になることを許さず、妻は夫に従えと諭し、奴隷制をあるがままに容認していたのである。この矛盾はいったい何なのだろうか。

それを解く鍵は、「キリスト・イエスにあって」や「神の前に」などという言葉遣いにある。つまり、キリスト教は長い間、人間はみな宗教的には平等でも、社会的な現実においては不平等でよい、と考えてきたのである。人間社会には、上下の秩序がある。神が創られたこの世界には、支配する者とされる者、身分の高い者と低い者、豊かな者と貧しい者がある。だからこそ、その中でお互いに助け合い、上には上なりの品徳と権威が、下には下なりの献身と服従が求められるのである。

この不平等容認論は、プロテスタントが登場しても変わらない前提だった。宗教改革は、たしかに自由で平等な市民という近代社会の出発点を提供したかもしれない。しかし、前述の「万人祭司制」が示しているのは、あくまでも神の前での万人の平等である。ルターが論じた「キリスト者の自由」は、宗教的な領域における自由であって、その自由が一直線に市民的自由へと発展を遂げたわけではない。彼の思想に共感した農民たちが領主への反乱を起こすと、ルターは容赦なく「盗み殺す農民暴徒ども」を打ち殺すよう勧めた。ここはしばしばルターの暗黒面として、研究者の間でも解釈がわかれるところである。

そして、そういう彼の判断にも、聖書的な根拠がある。ルターがそこで依拠したのは、新約聖書「ローマ人への手紙」一三章に書かれたパウロの次のような理解である。「すべての人は、上に立つ権威に従うべきである。権威に逆らう者は、神の定めにそむく者であるから、そういう者に対しては剣をもって罰するのが官憲に与えられた役割である。」

以上を要するに、「神の前での平等は、この世の社会における平等を導かない」というのが近代までのごく一般的な共通理解だった。独立後の一八三五年になっても、マサチューセッツではこんな言葉が記されている。「宗教は、人びとの間で富が不平等に分配されていることを是認する。それが社会の常態であることを受け入れるべきである。[29]」

宗教的反逆と政治的反逆

ピューリタンも、この点では宗教改革者と同じ考え方で出発している。本書の冒頭に引用したウィンスロップの説教を思い起こしていただきたい。「キリスト教的な愛の模範」を語ったあの説教は、上下関係の明確な身分制社会の中で、その秩序に見合って各人が「身の程をわきまえた」応分の振る舞いをするべきことを語っている。それを前提とした上で、お互いに聖書が示しているような愛をもって新しい社会を建設しましょう、という趣旨である。

実のところ、植民地時代のアメリカは、何とかして「神の前での平等」が「社会的な現実における平等」という要求に直結しないようにと、必死の努力を続けていたのである。もし万人が社会的平等を主張したなら、上に立つ者の権威はどうなってしまうのか。政府や王や教会を敬う人はいなくなり、体制転覆の革命が起き、アナーキー（無政府状態）が生じるのではないか。これが彼らの怖れていたことだった。

とりわけピューリタンは、イギリス本国の教会のありかたに異を唱えて海をわたってきた人びとである。つまり、本国の宗教的な秩序に異議を申し立てた人びとである。そこで彼らが注意したのは、その宗教的な反対がけっして政治的な反対を意味しない、という意図を明確に示すことだった。そうでないと、彼らは国家への反逆者となってしまうからである。イギリスの国教会体制では、国家の首長は教会の首長でもある。したがって、教会の秩序への異議申し立ては、政治の秩序への異議申し立てと直結して受け取られかねない。彼らはその危険を十分すぎるほどよくわきまえていた。だからピルグリム（巡礼父祖）たちが結んだ有名な「メイフラワー契約」も、「われわれジェイムズ王の忠実な臣下は」という用心深い書き出しで始まっているのである。

その後の植民地行政でも、イギリス本国への政治的反逆と見なされかねない行動は、厳しく取り締まられた。たとえ宗教の自由という名目のもとに行われたことでも、それが政治的な反抗を企てているように見えるならば、植民地当局は容赦ない弾圧をもって臨んだ。だから、初期のニューイングランド社会は、今日のわれわれからすると、どうにも理解しがたいような自己矛盾を示すことになる。

ニューイングランドの矛盾

ピューリタンは、イギリス本国の宗教的迫害を逃れて、アメリカ大陸へと渡ってきた。ところが、新大陸では自分たちが主流派となり、社会を建設する側に立つことになる。すると彼らはまるで、学生時代は全共闘で鳴らしていたのに、就職して出世するといつの間にか体制派に変わっているオヤジのようになったのである。批判はたやすく、建設は困難だ、ということである。

とりわけ、社会的な異議申し立ては、人びとの一致や調和を乱すものとして処罰され排除されていった。まずアン・ハチンソンという優れた女性説教者に「無律法主義」という烙印を押して追放し、次いで植民地政府の宗教政策を批判して信教の自由を唱えたロジャー・ウィリアムズを追放し、さらには本国で「非国教会派」（ディセンター）として自分たちと同じ立場にあったバプテストやクエーカーを迫害した。

植民地政府にとって、これらの人びとを容認することは、本国に向かって自分たちも同列であることを宣言することになる。少なくとも、本国の人びとにそう受け取られることを、彼らは危惧した。植民地の政府は、あくまでも本国に忠実な臣下たちによる善良な社会建設を志していることを明示したかったのである。

なかでも、ピューリタンのバプテストに対する扱いには、この矛盾が凝縮されて表れている。バプテストとは、一七世紀のイギリスに始まったプロテスタント教会の一派で、大きな括り方で言えば、彼らもピューリタンの仲間であった。ところが、新大陸における体制派は、彼らをまるで疫病のように忌み嫌った。バプテストがアメリカに到来したという知らせは、大火事や天然痘や難破船と同じように、神が自分たちに与えた罰だと受け止められたほどである。なぜそれほどまでにバプテストが嫌われたのか。その理由を知るには、少し歴史を遡っておさらいをしなければならない。

2. 宗教改革左派とセクト主義

第三の改革勢力

一般に「プロテスタント」とは、ルターの宗教改革により始められ、その後戦列に加わったカルヴァンを合わせた新教勢力のことだ、と受け取られている。「ピューリタン」は、そのうち後者のカルヴァン派に属する人びとであり、イギリスに成立した中道派のアングリカン教会のさらなるプロテスタント化を求めた連中である。そこまでは正しい。おそらくアメリカ人でもそこまで知っている人は多くないだろうし、まして日本では歴史の授業でもあるまいし、それ以上の子細な区別を知ってどうなるものでもなかろう。

しかし、およそ「改革」と名のつく運動には、穏健派と急進派の対立がつきものである。宗教改革の中でも、ルターやカルヴァンはいわば主流派であり、その限り穏健な部類に属する。彼らは、聖書や伝統の理解に関しては大胆な改革を唱えたが、社会の中で教会が占めるべき位置については、中世的な理解をほとんどそのまま踏襲している。この点に大きな異議を突きつけたのが、宗教改革のもう一つの勢力である急進派で、その代表格が「アナバプテスト」（再洗礼派）であった。

彼らは何を求めたのか。幼児洗礼の廃止である。幼児洗礼は、古代末期に始まって以来、中世の間ずっと続けられ、プロテスタントのルター派もカルヴァン派もそのままこの伝統を踏襲してきた。しかし、もし「聖書のみ」というプロテスタント主義に忠実であるなら、この長年の慣行は廃止されねばならない。なぜなら、幼児洗礼は聖書に書かれておらず、キリストも命じていないからである。そもそも洗礼は、親の意志ではなく自分の意志で受けるべきではないか。

チャーチ型とセクト型

これが、アナバプテストの考えであった。「アナ」という接頭辞は、「再び」というギリシア語で、幼児洗礼を否定し、大人になってからもう一度洗礼を施すところからつけられた名前である。もっとも、彼ら自身からすれば、教会の幼児洗礼はそもそも「洗礼」ではないから、彼らの施す洗礼こそ最初で唯一の洗礼だ、ということになろう。

チョーンシーのエピソードでも触れたが、幼児死亡率の高かった昔、親はできるだけ早く子どもに洗礼を授けてもらうことを願った。洗礼を授けられず、したがって罪の赦しを受けることもなく死んでしまったら、その子はあの世で永遠の罰を受けねばならない、と怖れたからである。しかしアナバプテストは、そんな心配はいらない、と論じた。子どもは自分で善悪を判断できないのだから、たとえ罪を犯しても罰せられるはずがない。彼らの考えでは、年端もいかない子どもが罪の責任を負うはずがないので、罪の赦しの洗礼も大人になってからでよいのである。実に筋の通った話である。

他方、教会が幼児洗礼を認めてきたのにもそれなりの理由がある。教会は、ローマ帝国以来のコンスタンティヌス体制のもとで、社会と深く融合するようになった。宗教社会学的には、このような体制を「チャーチ」（教会）類型と呼ぶ。チャーチ型の構成では、その社会に生まれた者はみなその教会の成員となる。

念のため付け加えておくが、「チャーチ」といってもこれは社会学的な概念で、キリスト教に限った話ではなく、宗教一般に共通のことである。たとえば、伝統的な日本の仏教における檀家制や神道における氏子制は、本人の意志に関わりなくその土地に生まれた者をみな含むので、「チャーチ」といってよい。

この意味で、教会は地上における神の代理であり、神から与えられる超自然的な救いを社会に分配するための唯一の施設である。教会がこの世において特別な存在論的位置を占めていることは、カトリックであるとプロテスタントであるとを問わず、キリスト教のもっとも基本的な信条の一部をなしている。

ところが再洗礼派は、その教会の存在意義を根こそぎ否定する。そんな制度はこの世と妥協した堕落の結果に他ならず、教会は新約聖書時代の純粋な姿に戻らなければならない、というのが彼らの主張である。前章でも触れたが、宗教社会学ではこれを「セクト」（分派）類型と呼ぶ。セクト型の集団は、自分たちを生んだ母集団に対して常に否定的で、みずから高い倫理意識をもち、入会資格を厳格にして、選りすぐりの成員だけを認める。宗教改革の主流派と急進派との対立は、現世的な制度の確立を重んじるチャーチ型の社会理念と、それを突き破って純粋な信仰を実現させようとするセクト型の社会理念との激突であった。

こうした過激な改革志向のため、再洗礼派は「宗教改革左派」とも呼ばれ、マルクス主義的な歴史家には「社会主義の先駆者」と位置づけられたほどである。

ミュンスターの惨劇

アナバプテストがヨーロッパ各地に拠点を築いたのは、宗教改革が始まったばかりの頃である。なかでも北ドイツのミュンスターでは、一五三四年に全市が彼らの支配下に置かれた。指導者たちはここが聖書に予言された新しいエルサレムであると宣言し、終末が近づいているので、市民はすべて再洗礼を受けるか処刑されるかのどちらかを選択せよ、と迫った。さらに彼らは、新約聖書に記されている一部の言葉に従って、私有財産を没収して平等に分配し、女性には一夫多妻制を強要した。要するに、終末時のパラダイスを一挙に地上に実現させてしまおうとしたのである。

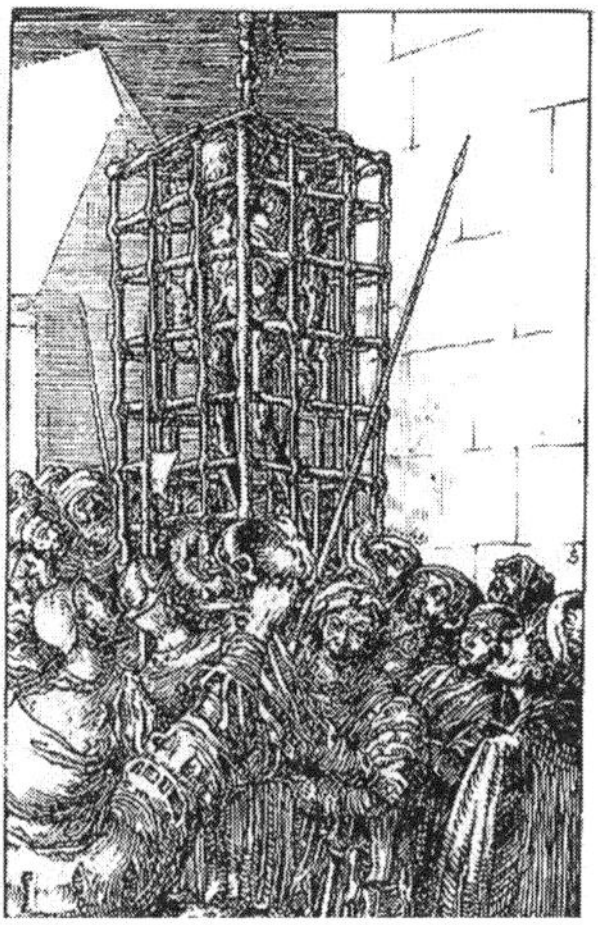

捕らえられたアナバプテスト。ミュンスターの教会の尖塔には、今日でもこの鉄製のカゴが吊り下げられている

しかし、彼らの新秩序は長続きしなかった。翌年の春までに予告された世界の終末は訪れ

ず、代わりに町は内部から崩壊し始める。いったんは市外に避難していたカトリックやルター派もこぞって町を包囲し、最後は武力でこの喧噪を鎮圧し首謀者たちを処刑した。これが世に「ミュンスターの惨劇」と呼ばれるアナバプテストの事件である。

進行中の宗教改革は、この出来事により大きな疑問符をつけられてしまった。いわく、教会の改革は、これほどまでに社会秩序を乱すことなくしてはできないのか。宗教の改革は、政治社会の秩序転覆という脅威をどこまで手なずけることができるのか。そもそもプロテスタンティズムは、地上に実現することのできる制度なのか。それとも、見果てぬ夢を追いかける過激なユートピア思想なのか。

これはプロテスタンティズムに内在する永遠の問いである。宗教改革者たちは、この惨劇を経験した後、いっそう過激派を警戒するようになり、自分たち本流がこういう熱狂主義とは明確に区別されるべきことを強調した。前章で触れた「熱心」への警戒は、ここに由来している。

カルヴァンが宗教改革者として活動を始めたのは、まさにこのアナバプテストの大混乱がヨーロッパ中に鳴り響いていた一五三六年のことである。宗教改革の正統性を保つために、プロテスタントは是が非でも社会との調和を保つ秩序ある教会を建設しなければならなかった。

その結果として生まれたのが、「地域毎に教会を決める」という体制であった。一六世紀後半のドイツでは、ここはルター派、ここはカトリックと、それぞれの領邦ごとに教会制度が定められた。どの制度を取るかは地域の領主によって定められ、その地域の領民はすべてその教会制度の中に組み込まれることになった。現代的な用語を使えば、「公定教会」制度である。最初の世界戦争とも呼ばれる「三〇年戦争」は、こうした領邦教会制にフランスやスペインなどのカトリック勢力、デンマークやスウェーデンなどのプロテスタント系王国が入り乱れて続いた戦争である。この戦争の終結により、ヨーロッパは「ウェストファリア体制」を確立して、ようやく近代国家秩序の形成へと向かうことになる。

国民国家の輪郭も、この教会制度によって定められていった。一般にわれわれは、まず国ができて、その中に教会ができたと考えるが、歴史的順序はその逆だったようである。つまり、まず教会ができ、それに沿って国ができたのである。この意味では、教会と国家の結びつきは中世の「コルプス・クリスチアヌム」(キリスト教世界)よりさらに強くなった、と言えるかもしれない。

迫害への抵抗

一七世紀アメリカの人びとにとって「アナバプテスト」という言葉がどのような響きをもっていたか、これで理解いただけるだろう。それは、「アナーキー」と同じ恐怖をもたらす言葉だったのである。どんな専制君主でも、無政府状態よりはましであった。

実のところ、アメリカに渡ってきた「バプテスト」は、一七世紀のロンドンに発しているので、ミュンスターの暴力的な系譜と直接つながりがあるわけではない。しかし、幼児洗礼の否定という主張は同じだし、名前も似ているため、人びとは両者を区別せず、「アナバプテストとも呼ばれるバプテスト」などと書いていたくらいである。とにかく彼らは嫌われ、怖れられた。

そんな逆風にもかかわらず、バプテストはニューイングランドに少しずつ浸透していった。設立された教会も、一八世紀初頭までに一〇を数える。当時のニューイングランドでは、当局の承認なしに新しい教会を建てたり、公定教会とは別の私的集会を開いて礼拝したりすると、刑事罰の対象となる。ある人がバプテストであるかどうかは、本人が明言しない場合にも、何となく行動でわかるものである。たとえば、生まれた幼児になかなか洗礼を授けようとしなかったり、町の教会に出席しなかったり、あるいは教会税の支払いを拒んだりするからである。これらの挙動は、当時のニューイングランドではいずれも法律違反になる。

なぜそんな逆風にもかかわらず増えたのか。ここが本書の主題とも関わる重要な点である。彼らは、迫害されればされるほど、神との対話の中で自分の存在を確認し直し、信仰の確信を強めてゆくのである。自分は神の前に何も悪いことをしていない。その自分が法律に反するというのなら、悪いのはその法律の方だ、ということになる。

こういう心理の機微を「迫害コンプレックス」と呼ぶ。迫害されればされるほど燃え上がって強くなる人のことである。しかし、アメリカの宗教的伝統では、それがただの「ひとりよがり」に終わらない広がりをもつ。みずからの信仰を拠り所として社会の大勢に抵抗する姿が、周囲の共感を呼ぶのである。日本の社会なら、迫害コンプレックスは当人だけの思い込みで終わるだろう。だがアメリカでは、不利益にもかかわらず、生命の危険すら顧みず、なお信念を曲げずにいる人には、何か真実があるに違いない、と思う人が多い。ヒーローを求める心である。

法律違反という挑戦

そういう信念の人は、迫害の不当さを明らかにするために、あえてその法律に違反して社会に訴える、というチャレンジ方法をとる。宗教的なセクトに属する人びとはその典型である。彼らは、みずから進んで逮捕され、投獄され、鞭打ちやさらし台などの刑罰を受けた。ここに掲げる絵はもっと後になってからのものだが、あるバプテスト説教家に対する公開処罰の一例である。当局の許可を得ずに説教した者には、「五ポンドの罰金」か、あるいはこのように「不遜な説教家」という札を首にぶら下げて二時間ほど台の上に立つ、という刑罰が待っていた。

「不遜な説教家」

独立前のニューイングランドでも、四人のクエーカーが死刑に処せられている。当時の社会がいかに不寛容だったかを物語る際によく引かれる例だが、ここにも裏話がある。たしかに当時クエーカーを処罰する法律はあったが、当局はむしろその適用に消極的だった。そもそも植民地内にそういう騒動が起きることを嫌ったし、それを本国政府に知られて要らぬ詮索を受けることも喜ばなかった。その上、宗教的な不寛容という政策には、彼ら自身もさほど確信がもてなくなっていたからである。クエーカーの方では、自分たちは神に従っているだけで何も悪いことをしていないのだから、悪いのは法律の方だ、と信じている。だから彼らはあえて法律違反の挙に出るのである。

するとどうなるか。困った当局は、まず彼らが事を荒立てず静かに退去するよう求める。もちろん彼らは出て行かない。次に追放処分にする。だが彼らは戻ってくる。そこで、今回は見逃すが、今度また戻ってきたら必ず処刑するぞ、と警告した上で再び追放する。そして、もちろん彼らは戻ってくる。植民地政府は、繰り返される侵犯にやむなく処刑を実行せざるを得ない状況へと追い込まれてゆくのである。本人たちは、もともと神のために捧げられた生涯だし、そういう英雄的な行為によって自分の信仰を公に証しする機会を得れば、さらなる共鳴者を得ることができる。事実、こうしたセクト集団の人数は、迫害が起きるたびに増えていった。四人の犠牲の後、本国からの批判もあり、この法律はようやく失効する。

クエーカーの過激な平等主義

今日クエーカーのことを知っている人は、少し驚くだろう。今は温和な平和主義者として知られている彼らだが、最初はかなり過激な集団だった。

クエーカーは、ジョージ・フォックス（一六二四－一六九一）というイギリス人の始めた教えで、日本では「キリスト友会」とも呼ばれている。その中心的な教えは「内なる光」、すなわち心にひらめく神の霊の真理である。この光は誰にでも与えられるため、クエーカーは既存の教会制度や聖職者をいっさい認めない。いわば究極の平等主義である。クエーカーの礼拝では、説教する牧師もいない。聖書の朗読もなく、讃美歌もない。ただ集まった人が沈黙の時間を共有するだけである。誰かが聖霊の促しを受ければ立ち上がって心に感じたことを話すが、そうでない限り一定の時間が過ぎると何もなく終了する。もちろん洗礼や聖餐などの儀式もない。歴史上の人物では、ペンシルヴェニア植民地を創設したウィリアム・ペン（一六四四－一七一八）や、五千円札の肖像となった新渡戸稲造がクエーカーとして知られているが、現代でも多くの反戦平和運動家を輩出している。

こうした徹底した平等主義のゆえに、草創期には今日の温和な姿からは想像もできないほど過激で奇矯な言動が記録されている。ニューイングランドでは、日曜日に教会で人びとが礼拝しているところへ、突然髪をふり乱したクエーカー女性が半裸で闖入するとか、集団で入ってきて他人の席に座り（当時の教会では座る席が決まっていた）、帽子も取らずにいる。あるいは会衆に向かって「こんな不純な礼拝をしていると神の裁きが下るぞ」と大声で脅したり、牧師の面前でガラスの瓶を叩き割り、「神は汝をこのように砕くであろう」と劇仕立てで宣告したり。とにかく、やりたい放題である。

ウィリアム・ペンの肖像。オートミールの箱にも似た絵が使われている

彼らは、すべての人に「汝」（Thou）と呼びかける。当時これは目下の者や親しい者への呼びかけに使われた言葉だが、クエーカーは相手が役人であろうと判事であろうと牧師であろうと、すべての人にこの同じ言葉を使った。また彼らは、社会的に権威ある人と道で

出会っても、帽子を取ったり傾けたりしない。こうした言動は、社会の安寧秩序に対する重大な脅威と感じられた。

なかには、一部の信徒が心ひそかに同意したくなる発言もあっただろう。たとえば、ある女性のこんな言葉である。「牧師さん、あんたは年寄りのろくでなしだ。説教が長すぎる。もう座りなさい。あんたが上手に話せる程度のことは、もうとっくに話し終わっているよ。」ピューリタン説教の長さや難解さを思い起こしていただきたい。列席していた信徒の中には、思わず頷いてしまったところを、咳払いか何かで必死にごまかそうとした人があったに相違ない。

信仰に基づいて権力に昂然と挑戦することは、反知性主義のもっとも明快な表現である。

フランクリンとクエーカー

ついでにトリビアを一つ。前章でフランクリンの伝記を引用したが、そこにもどうやらクエーカーが登場している。フィラデルフィアは、創設者ペンがクエーカーだったこともあり、アメリカの都市の中でもっともクエーカー人口の多い町であった。クエーカーは誠実で正直なので、商売でも次第に信用を得るようになり、それがフィラデルフィアの繁栄につながったのである。フランクリンの話の中にクエーカーが登場するのは、自然なことだろう。

ホイットフィールドの説教を聞いて、ある人が友人から金を借りて献金しようと思ったら、きっぱりと断られてしまった、という話を紹介した。日本語の訳ではよく見えないが、その断りの文句に、実は「汝」（thee）という言葉が使われている。「ホプキンスンさん」という呼びかけも、

"Friend Hopkinson"となっている。これらは、金を貸してくれなかったこの人がクエーカーであったことを示唆している。

あるいは、ここにはフランクリンなりのクエーカーに対する評価が表現されているかもしれない。つまり、彼らは信仰には熱心だが、ことお金に関しては冷静で勘定高い、という評価である。第六章で説明するが、宗教とビジネスというこの結びつきは、まことにアメリカ的である。

3. 宗教勢力と政治勢力の結合

建国父祖たちとの協力

アメリカ史の面白いところは、こうした宗教的な熱心が政治の仕組みにも深く影響を及ぼすところである。宗教と政治との入り組んだ影響関係は、それぞれの立役者の活躍によるところが大きい。そして、歴史の登場人物は、本人が自分で考えているのとはまったく別の役回りを、思いもよらないしかたで演じてしまうことがある。彼らは、たしかに舞台の上では主人公であるが、劇全体の筋書きがどんな結末に至るのかを知らない俳優のようなものである。それを知っているのは、劇の進行を見渡すことのできる後代のわれわれである。

実は、建国期のアメリカという舞台には、上手と下手からそれぞれまったく別の演じ手が現れて、中央で固い握手を交わす。一方からは、これまで見てきたようなラディカルな宗教的セクトに属する人びとが登場する。そして、対極の袖から姿を現すのは、何とジェファソンやマディソンといった建国の父祖たちである。

建国の父祖たちは、もともと南部のヴァジニア出身である。ヴァジニアは入植以来、本国と同様に英国教会を公定教会としていた。ジェファソンもマディソンも、とりたてて信仰篤いクリスチャンだったわけではない。彼らは、公にキリスト教徒であることを否定はしないが、心の中では「理神論」という合理主義的な宗教理解をもっており、既成教会やその牧師たちには懐疑と軽蔑を抱いていた。

マディソンの確信

そのうちの一人で後に第四代大統領となるジェイムズ・マディソン（一七五一―一八三六）は、プリンストン大学を卒業して一七七二年にヴァジニアへ帰郷する。折しも南部では、遅まきながらの信仰復興運動が高潮期を迎えており、多くのバプテストがリバイバリストとして活動していた。マディソンは、自分でそれに傾倒することはなかったものの、プリンストンのウィザースプン学長のもとで、きわめて福音主義的な色彩の強い教育を受けていた。

ところが、マディソンが郷里のヴァジニアで見たのは、その福音を語る説教者が、市当局の許可を得ていないという理由だけで迫害されている、という現実であった。彼らはしばしば、人前で信仰を語ったり印刷したりしただけで投獄され、酷い笞刑を受けた。マディソンの父は、地元の教会の役員をしていたため、こうした非正規の説教家たちを取り締まる役割をもっていたようである。若きマディソンは、その光景に激しい反発を覚えた。彼が大学時代の友人に宛てた手紙には、宗教的少数者を迫害することは「悪魔的」だ、と書かれている[30]。やがて彼は、法廷でこれらのバプテスト派説教者たちの弁護を買って出るようになった。

バプテストら宗教的少数者が迫害されたのは、ヴァジニアに公定教会制度があったからである。つまり、政府がある一つの教会を公の教会と定めて、すべての人がその教会を支え、その教会に出席することを求める、という制度である。政治家となったマディソンは、ジェファソンと協力しつつ、長い努力の末に、多くの体制派牧師の反対を押し切ってこの制度を廃止した。彼らの努力は、政教分離と信教の自由を明記した連邦憲法の「権利章典」にも結実する。マディソンの確信によれば、信仰や良心の自由は「すべての権利の中でもっとも神聖なもの」であり、いかなる政治権力もこれを妨げてはならないのである[31]。

第四代大統領となるマディソン

つまり、一方にいるのは、熱心で福音主義的なキリスト教徒たち、とりわけ主流派教会から有形無形の迫害を受けていたバプテストやクエーカーら少数派のキリスト教徒たちである。他方にいるのは、合理主義的な思想の持ち主で、宗教にはあまり関心がないけれど、各人の自由と権利を侵害することには断固として反対する、という世俗的な政治家たちである。両者の思惑は、公定教会の廃止すなわち「政教分離」という点でぴたりと重なり、ここでがっちりと手を組んだわけである。新興国アメリカは、通常ならあり得ないこのような二勢力の協力関係により、史上初の政教分離国家として出発することになる。

アメリカ的な政教分離の真意

読者の中には、ここで疑問をもたれる方があるのではないだろうか。本書冒頭で触れたウィンスロップのような話を聞いていると、アメリカは信仰に突き動かされて海を渡ってきたピューリタンが創った宗教的な国、ということになる。ところが、ジェファソンやマディソンのような政治家たちの話を聞いていると、独立国家となったアメリカは、政教分離によって宗教抜きの世俗的な国として成立したことになる。一七世紀初めの「巡礼父祖」の時代から、一八世紀末の「建国父祖」の時代へと移り変わるうちに、宗教色がなくなってしまったわけである。いったいその一世紀半の間に、何が起こったのか。最初に入植したピューリタンの宗教的熱心は、どこへ消えてしまったのだろうか。

実は、「巡礼父祖」たちの宗教的熱心は、「建国父祖」たちの世俗主義で消えてなくなってしまったわけではない。このような疑問は、アメリカ史の専門家からも聞かれることがあるが、いずれもアメリカ的な政教分離の真意がよく理解されていないために生じたものである。「政教分離」というと、日本では政治から宗教を追い出して非宗教的な社会を作ることであるかのように解釈される。

しかしアメリカではまさにその反対で、政教分離は世俗化の一過程ではなく、むしろ宗教的な熱心さの表明なのである。連邦成立時に採用された厳格な政教分離政策は、宗教の軽視でも排除でもない。むしろそれは、各人が自由に自分の思うままの宗教を実践することができるようにするためのシステムである。この自由は、国家が特定の教会や教派を公のものと定めている間は、けっして得ることができない。だから、国家そのものを非宗教化することによって、各人の信仰を最大限に発揮し実践することができる自由な空間を創出したのである。国家が宗教と公式に手を切るという歴史的な実験そのものが、深く神学的な意図に貫かれているのである。

公定教会制度は、今日もさまざまな形態で世界各国に存在するが、その基本線は税金などの公金支出である。建物の建設や維持管理、そこで働く人の給与に公金が使われていれば、その宗教は公定宗教ということになる。アメリカでもこれはマサチューセッツやヴァジニアに存在したし、連邦成立後も州レベルでは許容されて存続した。しかし、ヴァジニア州は一七八六年に「信教自由法」を成立させ、この公定教会制度を廃止した。連邦憲法成立の一年前である。その内容は、今日も同州憲法の一部となっている。

窮地に陥ったジェファソン

公定教会の牧師たちは、政教分離により、それまで公金で賄われていた給与がなくなるばかりか、自分たちの公的な地位も失うわけだから、当然のことながら激しく抵抗した。マディソンとともに公定教会の廃止に奔走したジェファソンは、初代大統領ワシントンの後継者と見なされていたのに、彼らの非難の嵐を受けて結局二代目に就任できなかったほどである。匿名文書が出回って、彼は「空理空論を弄するインテリ」と非難され、大学教授ならいいが大統領職には不向きだ、と言われた。彼が長くフランスに滞在していたことも災いした。ヨーロッパの社交界で貴族たちと交流するうちに、不道徳な無神論者の影響を受けて、教会の敵になったのだ、とも噂された。

そんな窮地の彼を救ったのが、バプテストら福音主義的なキリスト教徒たちである。彼らは、信教の自由を掲げて粘り強い交渉を続けるジェファソンを高く評価して、熱烈な支持を送った。こうして、まったく非宗教的な啓蒙主義の合理的精神と、敬虔な福音主義の熱い信仰心という、奇妙ではあるがとても強い連帯が生まれたのである。一方の世俗政治家たちは、特権的な地位と収入をもつ聖職者たちに反感をもっていたし、連邦政府のもつ予算や権力はできるだけ小さい方がよいと考えていた。他方の熱心な信徒たちは、少数派として常に公定宗教の圧力を受けていたし、そもそも国家と教会とがそんな風に結合するのは不純だと考えてその解体を願っていた。その両者の思惑が一致して、公定教会の廃止という難業が達成されたのである。

アメリカ政治の特質を理解するには、このからくりをよく理解しておかねばならない。この両者を結びつけていたのは、宗教的なエスタブリッシュメントに対する共通の反感である。どちらも、真の宗教が栄えるためには、誰もが自由に自分の信仰を実践できる社会でなければならない、という強い確信をもっていた。各人が信教の自由を謳歌できるように、公権力は特定の宗教と結びついてはならない。これが政教分離の要である。だからアメリカでは、政教分離は非宗教化を意味しない。むしろ正反対で、宗教が繁栄するための施策なのである。

反知性主義を育む平等論

政教分離が保障する「信教の自由」により、人はどの教会に属していようとも平等に扱われるようになった。ただし、ここで留意されねばならないことがある。この「信教の自由」には、どの教会にも属さず、何の宗教も信じない、という自由も含まれている。あまり知られていないことだが、「アメリカ合衆国憲法」やその前例となった「ヴァジニア信教自由法」には、当初から「無宗教」という選択肢の可能性が明確に意識されている。そこまでを含めて、宗教に関しては国民をすべて平等に扱うことを要求するのが、アメリカの政教分離である。

「すべての人は平等に創られた」という独立宣言の言葉は、宗教的な少数者の声が少しずつ聞かれるようになっていった植民地時代の歴史を背景にもっている。すでに一七四八年には、この言葉を先取りするかのように、「良心の自由は神に与えられた万人の平等で不可侵の権利である」という主張もなされている[32]。これは、信仰復興運動に触発されて非公認の教会を設立し、そのことで罰せられたソロモン・ペインの言葉である。その兄エリシャ・ペインは、マサチューセッツで巡回説教をした罪で投獄されたが、保釈金を払おうとする友人たちの申し出を断って牢にとどまり、あくまでも投獄が不当であることを訴え続けた。他にも、アイザック・バッカスやジョン・リランドらバプテストが「良心の自由」による平等を掲げて語り続け、広く人びとの心を捉えるようになった。

民主主義というシステムは、ごく普通の人びとが道徳的な能力をもっている、ということを前提としてはじめて機能する。この道徳的能力は、とりたてて教育を受けなくても、誰もが自然に発揮できるものである。いわば、生まれながら人に備わっている道徳的な羅針盤のようなものである。だから人は、たとえ自分では政治を担当する能力がなくても、それができる人を選ぶくらいの知性と徳性をもっている。平均的な能力をもつ者なら、誰でもよい政府と悪い政府を見分けることができる。そうでなければ、選挙をしても意味がないだろう。それが民主主義の基本となる信念である。

この能力は、単なる理性の能力と同じではない。理性の能力は、たしかに人によって違いがあり、とても平等に分配されているとは言えない。だが、より素朴な道徳的感覚はわれわれに共通に与えられている。「試しに、道徳問題をひとつ出してみるがよい」とジェファソンは言う。「農夫は大学教授と同じくらいよく判断できるだろうし、ことによったら、余計な人間の取り決めごとに左右されない分、大学教授よりもよい判断ができるだろう。[33]」ここに、反知性主義を育む平等のラディカリズムがある。

大きな政府への警戒心

宗教改革左派と呼ばれたセクト主義者たちは、その後どうなったのであろうか。彼らの多くはヨーロッパに起源をもつが、迫害を受けてアメリカへと渡り、そこで大きく成長する。メノナイト、ブレズレン、アーミシュなどといった教派がそれである。バプテストやメソジストといった巨大教派に比べれば、彼らの数はさほど大きいとは言えない。

だが、アメリカ社会の構造は、常に多数派と少数派とのせめぎ合いの中で編み上げられてきたため、彼らの精神は一般の人びとにも深く影響を及ぼしている。その影響はさまざまなところに形を変えてあらわれるが、基本的なパターンは同じで、いつもチャーチ型とセクト型の対立である。一方で人びとは、国家や政府を地上における神の道具とみなし、楽観的で積極的な社会建設を志す。これはチャーチ型の精神である。しかし他方では、地上の権力をすべて人間の罪のゆえにしかたなく存在する必要悪と考え、常にそれに対する見張りと警戒を怠らない。これがセクト型の精神である。

2013年には、国民の7割が大きな政府に反対しているという数字がある（写真：ロイター／アフロ）

大方のアメリカ人は、政府というものが必要だ、ということまではしぶしぶ認めるだろう。だが、それは最小限でなければならないし、本音を言えばない方がいいに決まっているのである。これは、銃規制の問題、健康保険制度の問題、あるいは同性婚容認の問題など、近年の論争のいずれにも通底する考えである。ここに、権力に対するアメリカ人の二律背反的な基本姿勢がある。

アメリカの立憲思想も、このセクト的な警戒心の後押しを受けている。立法・司法・行政という三権の分立は、日本の教科書ではモンテスキューの名前とともに出てくるが、権力というものは常にチェックアンドバランスによる抑制と均衡のもとに置かれねばならない、という発想は、セクト精神が浸透していたからこそ受け入れられたのである。

　セクト型の宗教は、啓蒙主義的な個人主義や合理主義や懐疑主義とも相性がよい。どちらも、地上の制度や組織を絶対視せず、自分自身の理性や信仰を唯一の判断の拠り所とするからである。新興国家アメリカが、公定教会勢力の根強い反対にもかかわらず、史上初の政教分離国家として成立することができたのは、この奇妙な共闘関係のおかげであった。アメリカでは、政教分離という制度そのものが、政治学というより神学のプログラムなのである。

「キリスト教国アメリカ」の意味

こうして見ると、アメリカがキリスト教国であるとかないとかの議論は、そこにどんな種類のキリスト教徒がどれだけいるかや、町にどんな教会がどれだけあるか、などということとは少し次元の違う話であることがわかる。それは、いろいろな政治制度のうちどれがよいか、という話ではなく、そもそもそういう政治制度が正しく機能するための基本設計の話である。箱の中に何が入っているかではなく、それらを入れる箱そのものの議論である。その箱が、権力の終末論的な理解を前提とした特定の政治神学の産物なのである。

　アメリカという国の宗教分布がどのように変化しようとも、この基本的な枠組みは変わらない。なぜなら、カトリックであろうとプロテスタントであろうと、あるいはどこにも所属しない無宗教者であろうと、この問題の前ではすべてのアメリカ人がチャーチ型かセクト型のどちらかとして振る舞うからである。アメリカ人の多くはキリスト教徒だが、彼らがみな自分のことを格別宗教的な人間だと思っているわけではない。だがそれでも、彼らが繰り返し表明する政府や権力への不信感は、政治ではなく神学に根拠づけられている。人びとは、一方で政治権力の介入が必要であることを認めつつも、他方でそれはできるだけ小さい方がいいと考えており、できれば自分はそれと関わりをもたずに生きたいと考えている。それがアメリカ的な理想なのである。

かつてイギリス人批評家のチェスタトンは、アメリカを「教会の魂をもつ国家」と描写したが、[34]それは半分だけ正しい。アメリカ国家は、「チャーチ」という魂とともに、それを絶えず疑いの目で見つめる「セクト」というもう一つの魂をもっている。権力への根深い疑念をもつ反知性主義は、このセクト的な心性によく合致して、さらに強められる結果となった。

第四章　アメリカ的な自然と知性の融合

1. 釣りと宗教

「リバー・ランズ・スルー・イット」

ここで一息入れて、アメリカの自然に目を向けておこう。アメリカの反知性主義を知るには、人間の理性が自然世界の中で占めている位置を考える必要があるからである。

「リバー・ランズ・スルー・イット」という映画をご存じだろうか。一九九二年に公開された映画で、若きブラッド・ピットが有名になった最初の作品である。原作はシカゴ大学で長年英文学を教えたノーマン・マクリーンが書いた自伝的小説だが、ロバート・レッドフォードがこれを読んで強く心を動かされ、みずから監督をつとめて映画化したものである。

舞台は二〇世紀初頭の美しい自然にあふれるモンタナの田舎町。長老派教会の牧師である父のもとで、二人の兄弟が育ってゆくのだが、映画はこんな一言で始まる。「わたしの家では、釣り

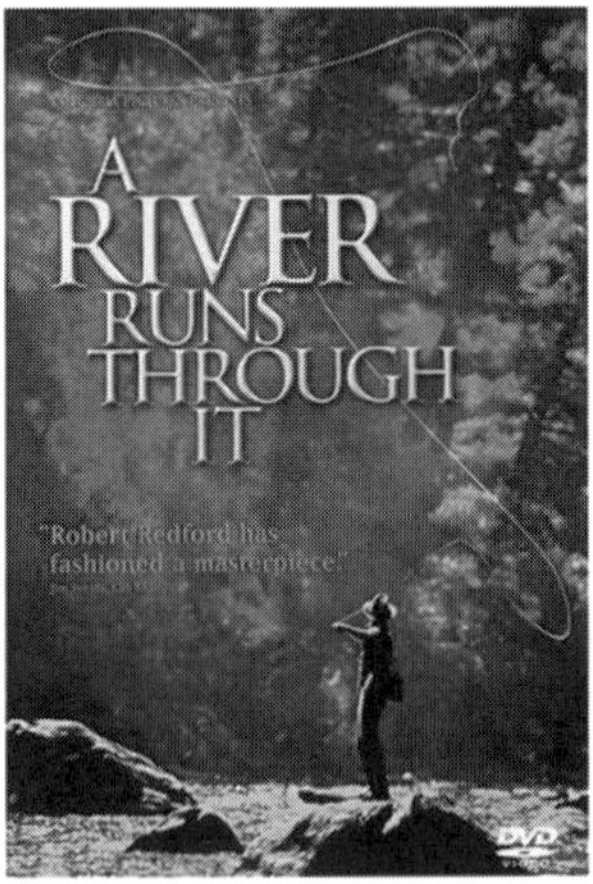

映画「リバー・ランズ・スルー・イット」

と宗教とは二つでひとつのものだった。」父は、信仰とフライ・フィッシングで二人を教育したが、兄弟は対照的な性格に育ってゆく。兄は学究肌で東部のダートマス大学に進み、やがてシカゴ大学の教授となる。つまり原作者本人である。弟は、奔放な生活の果てに、若くして亡くなってしまう。小説は、そして映画は、その兄である彼が、人生の夕暮れに若き日々を思い返しながら静かに綴ったものである。

山と川が悲しくなるほど美しい映画で、撮影部門のアカデミー賞も受けた名作だが、原作の小説は、はじめ出版社に断られ続けたという。東部のある大手出版社の担当者は、「木が多すぎる」とつぶやいたとか。つまり、自然の美しさばかりが強調されていて、ドラマチックな話の盛り上がりに欠け、本としては売れない、という判断である。マクリーンは、しかたなく自分の古巣であるシカゴ大学の出版局に懇請してやっと出版してもらうが、それは同大学出版局が出す最初の「小説」となった[35]。

釣りといっても、どんな釣りでもよいわけではない。釣りは、フライ・フィッシングでなければならないのである。フライ・フィッシングは、川の環境や季節に合わせて精巧な疑似餌を作り、自分を自然の中に溶け込ませて、ようやく魚を釣り上げることができる。それは崇高な芸術であり、宗教的な献身を要求する。

父は折りに触れて、キリストの弟子たちが漁師だったことを語って聞かせた。といっても、聖書の人びとは生活のために漁をしていたので、もちろんフライではなく網を使っていたわけだが、兄弟は父の話を聞きながら、ガリラヤ湖で漁をしていた弟子たちはみな芸術的なフライ・フィッシングをしていた、と思い込んでいたという。

映画の中で、ノーマンはある女性と恋に落ちる。兄弟はその女性の兄と釣りにゆく約束をするのだが、この人物がまったくの軽薄な俗物に描かれている。どこかの大学を出て帰郷したというこの浮かれ者が、どんなに軽蔑すべき人間であるかを語ってくれるのも、釣りである。彼は、約束の時間に遅れて来た上、何とフライではなく餌用のミミズの缶を手にして現れる。兄弟はその哀れむべき姿を見て、彼にこう耳打ちするのである。「このあたりじゃな、けっして時間に遅れちゃいけないことが二つあるんだ。礼拝の始まりと、釣りの約束だ。」

自然の法に聞き従う

神学的にも正統派の牧師であった父は、人間は原罪のせいで本来あるべき恩寵から堕落してしまったことを信じていた。だから人は、神の定めた秩序に還り、それに服することによってのみ、正しく魚を釣ることができるのである。フライは、メトロノームのように正確な四拍子で投げなければならない。それは、厳格な規律に従うことを意味する。人は神のリズムに身を委ね、それに従って生き、正しくフライを投げる時にだけ、魚を釣ることができる。この宇宙に存在する善きものは、ニジマスであれ魂の救いであれ、すべて恵みによって与えられる。

だが、芸術は常に完成を求める。そして、聖書が教える通り、完全なものは儚く、この世に長くとどまることがない。弟は、まさにフライ・フィッシングの芸術で完成された美の極地に達したと思われたある日、ギャンブルのトラブルに巻き込まれて、暴力的に殺されてしまうのである。

ラストシーンでは、年老いたノーマンが夕暮れの川でフライを投げている。人生の黄昏を迎え、自分が心から愛したものは、若くして亡くなった弟も、長年連れ添った妻も、すでにこの世にはない。残っているのはただ美しい自然と、そこを流れる川の静寂だけである。映画を見終わった者は、深い感慨を味わいながらも、結局「リバー・ランズ・スルー・イット」という題はどういう意味だったのだろう、と考えさせられる趣向になっている。

多くの場合、それは「人生」の象徴だ、という解釈に落ち着くようである。人生を通して、恵みの川が流れている、ということである。もちろんそれで間違いはないのだろうが、おそらくそこには、もう少し深いところで、聖書のイメージが暗示されている。川は、太古の始源であるエデンの園に流れており（「創世記」二章一〇節）、来たるべき終末の都エルサレムにも流れている（「詩篇」四六篇四節）。つまり、川は原初と終末における完全性の象徴なのである。その完全性に抱かれることが、自然の中でフライ・フィッシングをすることであり、堕落した人間が神の秩序に復旧することなのである。

語り得ないものを伝える

この映画には、爆発的な人気を集めるような派手さはない。だがそれは、アメリカの大自然に抱かれたことがなければけっして作れない映画で、そこには巧まずしてアメリカ的な精神の在り処がそのまま析出している。そしてその形には、深く宗教的な感性が刻印されているのである。

釣りをしている間、ひとは自然の中にただ一人で存在する。仕事の面倒も忘れ、明日を思い煩うこともない。聞こえるものといえば、川のせせらぎと鳥の声、木々をわたる風の音だけである。人生の余分な意味は消え失せて、山と川、魚と自分、それらがむきだしの存在となり、自然の中の対等なパートナーになる。

それはちょうど、礼拝の中でひとり神に向き合うのと同じ状況である。礼拝では、自分の周りに人はいるが、めいめいが静寂のうちに見ているのは人ではなく神である。祈りも、ひとり神の前に立つ内なる単独者として、みずからの存在を確認する時間となる。礼拝には共同の祈りもあるが、畢竟それは個人と神との関係を束ねたものにすぎず、自分も隣に座っている人も、お互いを見ているのではなく、それぞれ上を見ているのである。このような精神的空間が礼拝と釣りに共通している、というのがこの映画のミソである。

映像は、言葉で語り尽くせないものを語りだそうとする。だから、その言葉を聞き取ろうとしない人にとって、その映像はただの退屈な山と川の絵にしか映らない。東部の大手出版社、つまりインテリ向け知的生産物の製造業者にとって、これは「木ばっかり」が出てくる単調な小説にすぎないのである。だが、聞く耳をもつ者にとって、雄大な山と川は直感を研ぎ澄ませ、全地に響き渡るしじまを聞かせてくれるところとなる。

映画の中の本人でもある原作者のノーマンが伝えようとしていたことは、ラストシーンの静かなモノローグに表現されている。自分は人生でいちばん愛しているものを、弟にせよ、妻にせよ、結局は理解することができなかった。でも、頭が理解できなくても、心が愛するということはある。残された自分は、今は存在しない彼らの記憶を生き続け、その現臨する力を経験し続ける。それが信仰であり、彼の存在理由であり、変わることのない愛なのである。

2.「理性の詩人」と「森の賢者」

自然と魂との連続

こうした自然への没入と宗教的な感性との融合は、伝統的なキリスト教の正統信仰からは少し距離がある。たしかにそれは、キリスト教という特定の宗教から養分を汲み取ってはいるものの、厳密に聖書的な世界理解をなぞっているかというと、そうではない。アメリカの豊かな宗教性は、ここでも独自な発展を遂げており、むしろアニミズムのような東洋的自然観に通ずるところも出てくる。

自然との連続性をもった宗教的感性はヨーロッパにもあるが、その背景となった事情や思想は異なっている。アメリカでこの性向が明確になるのは一九世紀で、そのおおもとを辿ると、前に触れたエドワーズの幽玄な世界観に逢着する。一般に知られている彼の説教とはうって変わって、このエドワーズは、「自然世界の美に神の栄光の影と象徴を見る」という神秘主義的な美学をもつ神学者である。

そのエドワーズの誕生からちょうど百年後の一八〇三年に生まれたのが、ラルフ・ウォルドー・エマソン（一八〇三―一八八二）である。卒業生のこの哲学者を記念するため、ハーバード大学哲学部の建物には彼の名が冠せられており、中には彼の座像が置かれている。ちなみに、このエマソン・ホールが世に知られるようになったのは、「ある愛の詩」（Love Story）という一九七〇年の映画の舞台となってからである。二人の学生の悲しくも美しい出会いと別れを綴った名作で、映画そのものを観たことはなくても、そのテーマ音楽を知っている人は多いはずである。

実は、エマソンも若くして結婚した最初の妻を結核のため二年ほどで喪っている。彼は、ハーバードを卒業後ユニテリアン教会の牧師になるが、亡くなった妻のことで教会と懸隔が生じ、三年で牧師を辞任してしまう。傷心の彼は、その後ヨーロッパ各地を回り、イギリスへ渡ってワーズワース、コールリッジ、カーライルなどの文学者と交流を結び、帰国して一八三六年に『自然』を出版する。そこに表明されているのは、自然が神性の象徴であり顕現であるという思想である。エドワーズからの連続性は明らかで、エマソンは「性向」「自然法」「道徳法」「善意の宇宙」「象徴」「類比」「対応」などについて大胆に語るが、これらの言葉にはいずれもエドワーズ思想の刻印がある。

ハーバード大学「エマソン・ホール」（著者撮影）

映画化された哲学

エマソンの見る自然世界は、まさに「リバー・ランズ・スルー・イット」の主人公ノーマンの世界である。宇宙の森羅万象は互いに響き合い、呼応しあっている。それを映像でなく言葉にすると、旧約聖書にある「詩篇」一九篇のようになる。この詩には、日本語で読んでも美しいリズムがあるので、一度声に出して読んでみていただきたい。

もろもろの天は神の栄光をあらわし、
大空はみ手のわざをしめす。
この日は言葉をかの日につたえ、
この夜は知識をかの夜につげる。
話すことなく、語ることなく、
その声も聞えないのに、
その響きは全地にあまねく、
その言葉は世界のはてにまで及ぶ。

この宇宙世界には、語られぬ言葉があまねく充ち満ちている。それを西洋では「ロゴス」と呼び、東洋では「ダルマ」と呼ぶ。いずれの呼び名も、宇宙世界を貫く理性を表すと同時に、調和、生命、正義、王道などをも表している。そして、この無言で饒舌な呼び交わしの発現する場が、人間の「魂」なのである。

魂は、自然と神、宇宙と精神との結節点である。ギリシア以来の「汝自身を知れ」という言葉は、エマソンにあっては「神との神秘的な一体性を知れ」ということになる。自分を知ることが神を知ることにつながるのは、そこで両者がひとつになっているからである。人は、自己の魂を知ると同時に、それとひとつとなっている神を感得する。これをエマソンは、「内なる神」（God-within）と呼んだ。

哲学史では、エマソンのこうした主張を「超絶主義」（Transcendentalism）と呼ぶ慣わしになっているが、このタイトルをあまり難しく考えすぎると、彼の思想の大事なところを見逃してしまう。カントの超越論哲学の枠組みは、実はここではほとんど無関係である。ごく簡単に言うと、エマソンの神は、キリスト教的な世界観と接してはいるが、聖書的な人格神ではない。宇宙万物に内在するヘーゲル的な「精神」であり、「大霊」（Over-Soul）である。人間の魂は、自然の一部となって、その大文字の「精神」に参与するのである。

「リバー・ランズ・スルー・イット」の主人公ノーマンなら、これこそフライ・フィッシングの極意である、と太鼓判を押してくれるだろう。つまりあの映画は、釣りという切り口を用いて、エマソン的なアメリカ精神を映像化したものに他ならない。何とそのエマソン自身も、人間を含む大自然を貫いて流れる永遠の生命力を「川」にたとえて語っている。あの映画からは、実に深遠な哲学を読み取ることができるわけである。

エマソンのこうした思想は、近代科学の要請である自己と世界の区別、あるいは啓蒙主義的な主観と客観という区別への反逆とも見える。別の見方をすれば、「梵我一如」つまり宇宙の原理たるブラフマンと個人の魂たるアートマンとの不二一元論という、古代ヴェーダ哲学の焼き直しと言えなくもない。

ただし、エマソンにはそのどちらにも存在しない、きわめてアメリカ的な特色が加えられている。それは、圧倒的な自然美への憧憬である。アメリカのワイルドライフは、宗教的な畏敬の対象である。森は、ヨーロッパのロマン主義的な理解では、キリスト教以前のおどろおどろしくて不気味な魔物の住む異教世界である。できれば押さえ込み、封じ込んでおきたい、悪しき何ものかである。しかしアメリカの森は、それと同時に、崇高な力のみなぎる美と生命の源泉でもある。一九世紀の多くのリバイバル集会が森の空き地で行われたのも、そんな自然理解が作用していたためであろう。

エマソンの反知性主義

エマソンは「理性」という言葉を多用するが、これも堅苦しい学問とは無縁である。彼にとって理性とは、詩と夢と芸術を本領とし、道徳や宗教の真理を直観する能力である。実験や証明などという科学の手法は、理性にとって有害でしかない。人間は、経験科学や歴史的伝統によらず、自分自身の直観だけに依拠して神と自然を見つめ、宇宙との原初的な関係性を悟る存在なのである。だから彼は、「理性の哲学者」ではなく「理性の詩人」と称されるのである。(36)

時代はまさに、アメリカが田園社会から都市文明へと変遷の歩みを始める時であった。一九世紀初頭には人口が六万人だったニューヨーク市は、一八六〇年にはその十倍以上の八〇万人に膨らんでいる。それは、アメリカの自然に対する感性が危機に瀕した、ということを意味する。当時のアメリカを訪れてその民主的社会を絶賛したフランスの政治思想家トクヴィルも、膨張しつつある都市が将来の民主主義に及ぼす悪影響についてだけは、かなり悲観的な見通しを漏らしている。だから「リバー・ランズ・スルー・イット」の舞台も、そういう危機がまだ届いていない二〇世紀はじめのモンタナ州に設定されているのである。

エマソンも、そのような危機を肌身に感じていた一人だった。彼にとり、自然との連続性の喪失は、知性の腐蝕を意味する。彼は、ハーバードのような知識人の集まる都市を嫌悪する。都市は、「分別と策略のすみか」だからである。大都市の通りに朝が来ることはなく、人びとは過去の追憶に生き、互いの眼を避けて、わなを仕掛け合いながら、常に小手先の業でみずからの野心を満たすことを考える。

逆に、田園と自然は、人びとを正直にする。そこは幽玄で馥郁とした理性が息づく場所である。なぜなら、都市では自分の策略と知恵が処世の行方を左右するため、自分を尊大に思いなすようになるが、自然の崇高な美を見る者は、それを作り出した偉大な力の存在を認め、これに感服する謙虚な心をもつようになるからである。だから深い山の中で釣りをする者は、おのずと宗教的な畏敬をもつのである。

精神の謙遜と平和は、自然の美しさのうちに聖性を感じ取り、心の眼を創造者へと開くことによって得られる。そのため彼は、「書物」に頼りすぎることを警戒する。書物は、読み方によってはもちろん価値あるものだが、何といってもそれは過去の心であり、昔の時代の人びとにとっての真理にすぎない。真の学者たるものは、他人の権威や、社会の礼法や、世間の評判などに寄り頼んではいけないのである。ここに、エマソン一流の反知性主義が表明されている。

たとい世の老翁や高位高官の者が、世界の終りを告げる大轟音であると主張しようとも、学者は、豆鉄砲にすぎないという信念をすてては いけません。沈黙のうちに、自若として、厳粛な超脱の態度を持って、自らに頼るところがなくてはいけません。自己信頼ということのうちに、すべての徳が含まれています。学者は自由でなければなりません。(中略)自由で勇敢でなければなりません。(37)

これは、「アメリカの学者」という彼の講演の一節である。ここには、明らかにヨーロッパ的な知性に対するアメリカの自己主張が含まれていよう。今日の感覚からすると、「何もそこまで肩肘を張ってヨーロッパを目の敵にしなくともよいのに」と思ってしまうが、これが知的先進国に対するアメリカという、遅れて来た精神の目覚めであった。

ヨーロッパ的な知性に抗して

エマソンにとり、ヨーロッパとはアメリカがそこから逃れ出てきた「旧世界」であり、不純物の沈殿した堆積物であり、過去の死んだ伝統である。それなのに、アメリカはいつまでも過去を回顧し、祖先の墓場をたて、伝記を書いている。その死んだ当人たち、つまりヨーロッパの知性も、自分たちの目で神と自然を見ていたはずである。ところがわれわれアメリカ人は、いまだに彼らの目を通して見ている。もうこのようなヨーロッパへの知的隷属はやめて、自分自身の目で世界を見ようではないか。これが、エマソンの一貫した主張である。彼が最初に出版した評論『自然』の冒頭から引用してみよう。

なぜ、われわれも宇宙に対して独自の関係をもたないのであろう。なぜ、われわれは伝来のものではなく、直感の詩と哲学をもち、祖先の宗教の歴史ではなく、われわれに啓示された宗教をもたないのであろう。しばらくの間でも自然の胸に抱かれれば、その生命の大河が、われわれの周囲を、またわれわれの中を通って流れてゆき、この大河の力により、われわれは自然に即した活動をするよう誘われるのであるが、なぜわれわれは、過去のひからびた骨の間を手探りしたり、現代人に古色蒼然とした衣装を着せて仮装させるのであろう。太陽は、今日も輝いている。野には、さらに多くの羊毛があり、亜麻がある。新しい土地、新しい人びと、新しい思想がある。われわれ自身の仕事と法則と礼拝とを、要求しようではないか[38]。

かつてヨーロッパの人びとは、神と自然を自分たちの目で直接見た。「新世界」に生きるわれわれも、同じように宇宙を直観しよう。過去のひからびた伝統に縛られることなく、旧弊を打破し、自然の生命が語りかけてくる啓示を手ずから受け取り、新しい時代の新しい光のもとで、詩と哲学を存分に創造しようではないか。エマソンはそう語りかけるのである。

彼が母校ハーバードで行った前述の講演「アメリカの学者」は、ヨーロッパ的な知性からの解放を唱えたため、アメリカの「知的独立宣言」と呼ばれている。その題に「学者」という言葉があるとはいえ、この講演は学者だけでなくアメリカ国民全体に向けて語られたものである。エマソンによると、「国民」とは「各人が、すべての人に霊感を与える神の霊によって、自分もまた霊感を与えられると信じて、はじめて存在する」ことができるものである。アメリカという国に属するすべての人が、自分を信頼し、自分の目で見て判断し、自分の心に閃く直感を大切にするべきだ、ということである。よく知られるようになった彼の標語の一つ「自恃の精神」(Self-Reliance) は、このような宗教的確信に裏づけられている。

ラディカル・セクトとの共通性

面白いことに、彼の「理性」という言葉は、「信仰」という言葉で置き換えてもまったく同じように通用する。そこには、宗教改革の左派セクトと共通のラディカルな平等主義が流れているからである。どんなに権威ある制度も、神の前には一つの被造的存在にすぎない。ヨーロッパの知的権威が彼の目には何の権威ももたないように、長い歴史と伝統のある教会も何の権威ももたない。各人の生きた理性や信仰は、それらの古い権威と同じだけの重みをもつ。ここで、エマソン的な反知性主義の伏流が表層に迸り出るのである。

エマソンが既存の教会に批判的な態度を取るのも、このような立場からすれば当然だろう。現実に存在しているアメリカのキリスト教は、盲目的に信頼すべきものではない。それは、現象形態の一つであり、理性的に克服されるべき対象となる。歴史的な伝統や慣習や形式は、偶然的な要素にすぎない。ときにそれは、人間の本来的な魂に宿る道徳的本性にとって、自然な発露を妨げるものともなる。もし教会がそのような因習に囚われてしまっているなら、これは打破されねばならない。それが、曇りなき心で内なる神の声を聞いた者の使命なのである。エマソン自身、できたばかりのハーバード大学神学部で行った卒業生向けの講演がもとで、「無神論者」という攻撃を受けた。

知性にせよ信仰にせよ、旧来の権威と結びついた形態は、すべて批判され打破されねばならない。なぜなら、そうすることでのみ、新しい時代にふさわしい知性や信仰が生まれるからである。その相手は、ヨーロッパであったり、既成教会であったり、大学や神学部や政府であったりする。反知性主義の本質は、このような宗教的使命に裏打ちされた「反権威主義」である。

「森の賢者」ソロー

エマソンの周囲には、同時代にも後の時代にも、彼の精神に深く影響された人びとがいる。「森の賢者」という称号を奉られたヘンリー・デイヴィッド・ソロー（一八一七－一八六二）もその一人である。彼もハーバードを卒業し、エマソンの『自然』に感激して彼の仕事を手伝うようになった。独立不羈の精神で物質文明を批判し、ボストン近郊の森に小屋を建てて移り住み、こ

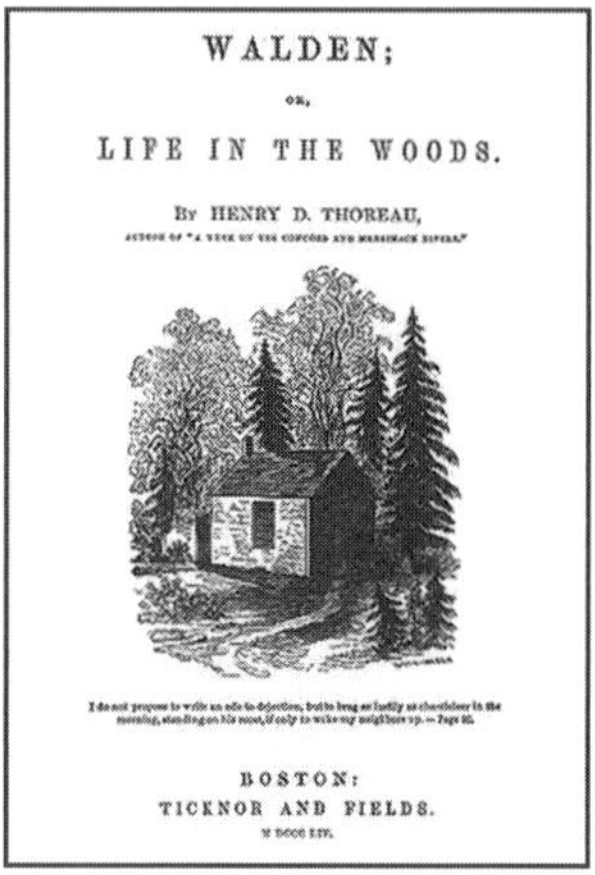

『森の生活』1854年の初版

れを『ウォールデン・森の生活』に綴ったことは、日本でもよく知られている(39)。

　反知性主義の伝統を概観するとなれば、彼もその一角を占めるかもしれない。『森の生活』に綴られているごとく、彼も都市文明に背を向け、二年ほど自給自足と晴耕雨読の生活を試みたが、そこには独自の近代知性批判が芽吹いている。ウォールデンはコンコードという町からほんの二キロしか離れていないが、それでも森は森である。「超絶主義」者の一人として、ソローも森には神的なものが宿っていると思っており、そこに住めば堕落前の自然な楽園に住む純粋無垢なアダムのようになれると考えていた。

　エマソンは、やや皮肉を込めてソローのことを「何かに反対するときだけ元気いっぱいになる」と評している。ソローは、アメリカ合衆国の不正義に反対し、とりわけ奴隷制度とメキシコ戦争に抗議し、税金の支払いを拒否して投獄もされた。その「市民的不服従」は、遠くインドで独立運動を志したマハトマ・ガンディにも影響を与えている(40)。

　しかし、その割にはお気楽で無責任な側面もあったようである。税金の不払いで投獄された時には、誰かが代わりに税金を払ってくれると、保釈された彼はさっさと自分の畑のコケモモ採りに行ってしまったという。彼は、気高い精神の自由を強調したが、実生活では結婚も就職もせず、自立することもないまま長くエマソンの庇護と援助に依存した。彼がしばらく過ごしたウォールデンの森は、そもそもエマソンの所有地を彼の好意で借りたものである。

エマソンによると、ソローは説教者だが説教壇をもたない。学者でありながら学問を糾弾する。厳粛な良心をもって呑気なアナーキーを推奨する。いわば、「ハーバード卒のハックルベリー・フィン」みたいな存在である。[41] ちょっと矛盾した滑稽な人物だが、反知性主義にはどちらの側面も重要である。ハーバードを卒業するようなインテリだからこそ、既存のインテリ集団を批判する能力もある、ということなのだろう。後に見るように、このような矛盾は現代の反知性主義者にも共通するところがある。

第五章　反知性主義と大衆リバイバリズム

1．第二次信仰復興運動

広がりゆくアメリカ

一九世紀のアメリカを特徴づけるのは、国土の広がりである。当初は東海岸のみだった国土は、独立に際してイギリスからミシシッピ川以東を割譲され、一八〇三年にはナポレオンから購入した広大な大陸中部を組み入れ、ジャクソン大統領の時代には西部開拓が進められてゆく。その広がりゆく国土を背景に勃興したのが、第二次信仰復興運動である。

「第二次」に数えられる信仰復興運動は、一八二〇年代から三〇年代が中心だが、発端はそれ以前から見られる。一八〇一年の夏、ケイン・リッジというケンタッキーの田舎町で行われた一週間のキャンプミーティングには、二万人もの人が詰めかけた。いったいどこからそんなにたくさんの人が湧いて出てきたのか、不思議なくらいである。何しろ、もっとも近い町ですら、当時は

森のキャンプミーティング

人口がようやく二千人に達した程度だったのだから。

集まったのは、西部の開拓地で苦労している荒くれ者たちである。振る舞いは乱暴、言葉は下品、しばしば酒浸りで、上品ぶったキリスト教とはまったく無縁な連中である。女たちももちろんそれにふさわしく、たくさんの子どもを連れている。ありあわせの布を吊って雨露をしのぐテントにし、うしろには馬をつないでおく。現代のトレーラーハウス集積所のようなものを思い起こせばよいだろう。

ところが、そんな彼らが、急ごしらえの説教壇や木の切り株に立って話し出す説教者たちの言葉に聞き入り、自分の罪に思い至っては大いに泣き、無償で与えられるキリストの救いを信じてはまた大いに泣くのである。昼となく夜となく、大声で祈り、讃美歌を歌い、吠えるように叫ぶ。とんでもない大騒ぎだったことだろう。この時代に大きく伸びたのが、メソジストとバプテストであった。

メソジスト教会の発展

ウェスレー兄弟を創始者とするメソジストは、独立時にはイギリスとの関係を嫌われてほとんどゼロからの出発となった。しかしその後急成長し、一八二〇年には二五万人、三〇年には五〇万人を擁する最大教派となる。

急成長の理由は、「監督制」と「巡回牧師制」という機動的なシステムである。監督制とは、教会を担任する牧師の上に「監督」という職務が存在して、いわばその上司が牧師を派遣したり異動させたりする制度のことである。ピューリタンはこのような上下関係をカトリック的であるとして嫌ったが、メソジスト教会はこの制度のおかげで数年ごとに新しい牧師を迎えることができた。

また巡回牧師制とは、それまでのリバイバリズムで活躍した「自称」巡回説教者を正式に認めて採用したものである。西部では、人びとが広い地域に点在していて人口密度が低いため、従来のように一定の教区を決めてその住民に伝道したのでは効率が悪い。そこで、馬に乗って各地を回り歩く牧師を任命し、広い地域を担当させることにしたのである。

伝統的なピューリタン牧師は、一度赴任したら生涯そこにとどまる。たいてい町で一番大きな邸宅である牧師館に住み、人びとの尊敬と高給を得ることになる。しかしメソジストの巡回牧師には、まったく違う境遇が待っていた。彼らは、雨風をものともせずに旅を続ける。ひどい嵐の夜には、「こんな時に戸外にいるのは、カラスかメソジストの説教師ぐらいのものだ」と言われたくらいである。だが彼らには、自分たちがアメリカを不信仰から救っている、という自負心があった。教養ある牧師たちが豪奢な礼拝堂で「マッチを擦っている」あいだに、無学な自分たちは「世界に火をつけたのだ」という自負心である。

米国メソジスト教会の創始者フランシス・アズベリー（一七四五−一八一六）は、フィラデルフ

「馬の鞍こそわたしの説教壇」

ィアに到着した翌日から巡回伝道をはじめ、馬の背に揺られて三〇万キロを旅し、一万七千回の説教をしたと言われている。夜は寝床があればましな方で、野宿もすればノミだらけの皮布一枚を敷いて寝る時もある。彼らの催す集会は、礼儀正しい人ばかりが集まるわけではない。なかには乱暴をはたらく者や、はじめから酔っ払っているような連中もある。騒動になれば刃物も鉄砲も飛び出す。それでも、開拓者の家族がまだ幌馬車から荷物を降ろしている頃、最初にやってきて挨拶をしてくれるのはメソジストの説教師だった。

そんな百戦錬磨の彼らであるから、話が面白くないはずがない。庶民的でわかりやすく話さなければ、たちまち野次が飛んでくる。巡回伝道は、駆け出しの説教者にとっては厳しい実地訓練の場であり、成功した説教者にとっては最高の晴れ舞台なのである。

説教は、学校で勉強すればできるというものではない。神学を学べば牧師が育つと考えるのは、牧師を医者や弁護士のような世俗の職業と同列に考えることである。ペテロはイェール大学に通ったこともない、無学な漁師だったではないか。だが主キリストは、そのペテロを教会の礎とされた。だから神は、大学卒のジェントルマンではなく、わたしのように無学で素朴な自然人をお用いになるのだ！　これが反知性主義の心意気である。

「読み書きのできるバプテスト」

前述の「リバー・ランズ・スルー・イット」に、とても面白いシーンがある。幼いノーマンが「メソジストって何？」と尋ねると、父は「読み書きのできるバプテストさ」(Baptists who can read) と答えるのである。つまり、バプテストは読み書きもできないが、メソジストはもうちょっと上で、読み書きぐらいはできる、ということである。もちろんこれは、長老派というインテリ牧師から見た話で、バプテストもメソジストも同じくらいバカにした言い方である。

実は、これは映画館で見るバージョンにしか出てこない。このシーンを確認したくてDVD版を何度も見直したのだが、確認することができなかった。しかし、わたしは映画の中のこのシーンをよく覚えている。というのも、わたしはこれを日本の映画館で見たのだが、ここで大笑いしてしまい、しかも笑ったのは自分だけだったので、ちょっと恥ずかしい思いをしたからである。アメリカの映画館なら、大喝采を受けるところである。アメリカ人は、こういうジョークが大好きである。自分がバカにされたそのバプテストやメソジストだと、いっそう喜んで大笑いする。そういうところで「ポリティカル・コレクトネス」を持ち出すのは野暮である。

読み書きは「できる」ぐらいの彼らだが、歌なら大丈夫である。メソジスト伝道者が馬の鞍に載せて携行した讃美歌集には、楽譜がついていない。集会ごとに来る人が違えば、知っている曲も違う。歌詞だけを書いておけば、居合わせた人の知っている旋律に合わせて、それを自由に歌うことができるからである。なかには酒場で歌われるような卑俗な旋律もあった。そんな曲でも、信仰の言葉が盛りつけられれば、神を讃美するりっぱな讃美歌になる。

実は、宗教改革史においても同じようなことが起こった。ルターは、当時の流行歌や恋歌の旋律を自由に取り入れて讃美歌を作ったのである。宗教曲と世俗曲との境目は、専門家にも線引きが難しいそうだが、そんなことを気にかけるような人は当時の伝道者にはいなかっただろう。音楽が心に響かせる印象は強い。言葉だけでは伝わらないものが詩情豊かに表現できる。伝道者がこれを有効活用しない手はない。

バプテスト教会の発展

他方、その「読み書きすらできない」方のバプテストも、この時期に急成長した。第三章で説明したように、彼らの萌芽期には忌まわしい記憶が伴っていたが、一九世紀の開拓者たちにそんな歴史的知識は無縁である。独立期のバプテスト指導者には、信教の自由の闘士アイザック・バッカス（一七二四－一八〇六）のような人もいたが、西部での発展はそれともあまり関係がない。彼らが世紀半ばには百万人を上回ったのには、もう少し別の理由がある。

バプテスト教会には、メソジストのような中央集権的な全国組織がない。そこには牧師を任命する監督もいなければ、任命されるべき巡回牧師もいない。西部で彼らの伸張に貢献したのは、普通の開拓者農民である。彼らは、他の入植者と同じく自分で働くうちに、ある日神の「召し」を受けて仲間に説教を始めるのである。週日は自活しているため、経済的には誰の負担にもならない。プロテスタント教会では原則的に教会員が牧師の給与を負担するが、信徒であるまま伝道する者は、この点で開拓地に最適だった。初期のバプテストは、牧師が教会に雇われて給料をもらうのはおかしい、と主張していたからである。

その代わり、彼らは説教者となる訓練や準備を受けたこともなく、本を読むようなゆとりもない。仲間に認められてその教会の牧師になるだけなので、牧師の肩書きはすぐ隣の教会でも通用しない。これを「各個教会主義」と呼ぶ。だから彼らは、たとえ同じバプテストという名前をもっていても、自分の教会の外から干渉されるのを好まず、中央からの統制を思わせるようなことには同意しない。自分の知らない中央からの権威は、教会であろうと政府であろうと、認める理由がないのである。ここにも、ラディカル・セクトの遺伝子が生きている。

アメリカ人の心に通奏低音のように流れる反権威志向は、このようなところから養分を得て根を張っている。彼らは自分で聖書を読み、自分でそれを解釈して信仰の確信を得る。その確信は直接神から与えられたのだから、教会の本部や本職の牧師がそれと異なることを教えても、そんな権威を怖れることはない。よく言えば、これが個々人の自尊心を高め、アメリカの民主主義的な精神の基盤を形成することになるのだが、悪くすると、それはまことに独善的で自己中心的な世界観に立て籠もる人びとを作ってしまう。アメリカの反知性主義は、そのどちらにも発展する芽をもっている。

諸教派の乱立

一八六〇年頃の数字だと、バプテストとメソジストは合わせてプロテスタント教会の七割を占めるほどの発展ぶりである。しかしそれでも、どちらか一教派だけで一地域を独占する、ということはなかった。今日アメリカのキリスト教には、多くの教派が入り乱れて存在するが、それらは教理上の違いによるものではない。教派の性格を決定するのは、伝道の方法や対象、伝道者が活動した地域、成員の社会階層や教育程度などである。

「チャーチ」と「セクト」についてはすでに説明した通りだが、現代アメリカではそれに加えてもうひとつ別の概念が使われることがある。アメリカでも、地域ごとに体制を規定する主流派が決まっている場合には、それを「チャーチ」と呼ぶことができるし、「チャーチ」があればアンチテーゼとしての「セクト」もあり得る。だが、一九世紀以降は各教派の伝道意欲が旺盛で、それぞれが四分五裂の群雄割拠状態となり、特にひとつの教派が支配的になっていないところが増えた。「チャーチ」がなければ、それに対抗する「セクト」も発生しようがない。こういう状態を「デノミネーショナリズム」と呼ぶ。「教派」(denomination)から派生した言葉である。

なかには、こうした諸教派の乱立状態そのものを憂えて、「聖書時代の単一的なキリスト教へ帰れ」という主張もあらわれる。そういう人びとは、たとえば「キリストの弟子」「キリストの教会」「神の教会」などというように、クリスチャンなら誰にでもあてはまるような一般名詞を選んで自分たちの教派名にする。しかし皮肉なことに、そういう考えに賛同する人が集まった結果、これらの教派も結局それぞれ百万人を超える大教派に成長し、乱立状態を解消するよりは助長することになった[42]。

もともとプロテスタントは「聖書のみ」を掲げて出発しているが、アメリカではこれが特定の教義を掲げない「神学なし」「信条なし」という意味になる。それに代わって各教派の違いを色分けするのが、所属会員の地位や収入や学歴である。だからさきほどの「読み書きのできるバプテスト」のような言い方が流行るようになる。他にも、メソジストは「靴をはいたバプテスト」、長老派は「大学に進学したメソジスト」、アングリカン派は「投資の収益で暮らす長老派」などという序列で語られた。

それでも、信仰復興運動は教派を越えてアメリカのキリスト教に一つの共通感覚を醸成したと言うことができる。それを「福音主義」（エヴァンジェリカル）と呼ぶことは、すでに紹介した通りである。素朴な聖書主義、楽観的な共同体思考、保守的な道徳観などがその特徴で、今日でもそれは健在である。「福音主義」は本来「プロテスタント」と同義なのだが、こういう共通項をもつ限り、「エヴァンジェリカル・カトリック」とか「エヴァンジェリカル・ユダヤ教」というやや矛盾する言葉も使われる。これらの陣営に数えられる人びとは、プロテスタント・カトリック・ユダヤ教という宗派間の垣根を越えて日常的な価値観を共有しており、政治や投票でも似通った動きを見せることが多いからである。

2．反知性主義のヒーロー

間抜けなロバ

アメリカ政治でお馴染みのゾウとロバという二つの動物は、それぞれ共和党と民主党を表しているが、民主党のロバは、アンドリュー・ジャクソン（一七六七－一八四五）大統領に由来するものである。彼は、民主党から出た最初の大統領で、対立陣営にjackassと呼ばれた。「ロバ」という意味だが、「ばか」「まぬけ」「とんま」という侮蔑語でもある。ジャクソンはそれを逆手に取り、不屈の意志をアピールする言葉として自分でも使うようになった。これが民主党のキャラクターの始まりである。

現在、彼の肖像は二〇ドル紙幣に描かれている。アメリカで生活したことのある人ならご存じのように、二〇ドル札は何となく日常生活の基本単位になっている。流通量も多いため、ジャクソンの顔はよく知られている。歴代大統領の人気を調べると、最上位にはワシントンやリンカンやルーズヴェルトといった名前が定番で入るが、その次に来るグループには必ずジャクソンが入っている。このような世論調査を見る限り、人気の高い大統領には戦時の大統領が多い。戦争になると、国政上どうしても大統領が前面に出てくるからだろう。

逆に言えば、アメリカの大統領は、頭がよければつとまるというものではない、ということである。反知性主義が大統領選挙を左右するのもそのためである。「反知性主義」という言葉は、一九五二年の大統領選挙を背景にして生まれたものである。当時の共和党候補アイゼンハワーは、ノルマンディー作戦を指揮した将軍としての名声で立候補したが、知的には凡庸で、プリンストン大学卒業の優秀な対立候補スティーヴンソンにはとてもかないそうになかった。本人も政治には無関心で、投票したことすらなかったという。しかし大衆は、アイゼンハワーの親しみやすさを好んで「アイ・ライク・アイク」を連呼し、彼の圧勝という結果になる。「知性に対する俗物

根性の勝利」と言われた反知性主義の高潮点である。(43)

昔も今も、アメリカの大統領には、目から鼻へ抜けるような知的エリートは歓迎されない。二一世紀になってジョージ・W・ブッシュが二度の選挙に勝ったのも、同じ理由からであった。知的優秀さの際立つ対立候補に比べて、彼が「ビールを飲みながら気軽に話せる相手」と見なされたからだと言われている。そして、この傾向が最初に現れたのが、「読み書きのできるアダムズ」(Adams who can write) と「戦のできるジャクソン」(Jackson who can fight) との一騎打ちと言われた一八二八年の選挙であった。

20ドル紙幣に描かれたジャクソン大統領

ジャクソンの生い立ち

ジャクソンの父は、アメリカへ渡ってきたスコットランド系のアイルランド人で、一七六七年に三男のアンドリューが生まれる直前に他界した。母はこの息子を長老派牧師にしたかったが、アンドリューの腕白ぶりを見てその夢は早々に諦めたようである。少年は、学校でも綴りや文法の勉強にはあまり興味を示さなかった。生涯を通じて本を読むということは稀だったが、母や妻の影響から、聖書だけは繰り返して読んだらしい。人生の終わりが近づくにつれて、彼は信仰心を深め、長老派教会に正式加入することになるが、それはまた別の話である。

一三歳の時、兄と一緒に独立戦争に志願してイギリス軍と戦い、ともに捕虜となって収容された。イギリス将校の靴を磨くよう言いつけられたのを拒み、サーベルで左手と頭を切りつけられたのもこの頃のことである。そこで兄弟は天然痘を患い、兄は亡くなるが、アンドリューは母の手厚い看護を受けて辛くも生き延びる。その母も、別の戦争捕虜を看護するうちにコレラにかかって亡くなった。かくして彼は、独立戦争の間に肉親をすべて喪ったことになる。アメリカは独立と自由を得たが、彼はその代償に自分が支払ったものの大きさをけっして忘れなかった。

やがて故郷のサウスカロライナに戻って学業を終え、そこで自分もしばらく教師を務めた後、法律家を志して二年間ほど勉強と修練を積む。当時はだいぶ悪さを繰り返したらしく、後に彼が大統領選に出馬したことを聞いた町の人びとは仰天して、「あの悪党が大統領になれるなら、誰でもなれる」と噂し合ったとか。(44) それでも一七八六年には何とか法律家としての免許を取得している。やがてテネシーの州昇格とともに州選出の最初の連邦議員となり、上院議員や州裁判所の判事も務めた。世評では庶民派とされるジャクソンだが、地元では土地投機や綿花栽培などで大きな収益を得て、百人以上の奴隷を所有する資産家となっている。しかし、何といっても彼の名前を一躍全国に知らしめたのは、一八一二年の対英戦争でニューオーリンズの戦いを制したことであった。

一八二四年の大統領選挙は、ジョン・クインシー・アダムズ(一七六七－一八四八)、ヘンリー・クレイ、ウィリアム・クロウフォード、それにジャクソンの四人で争われたが、誰も選挙人投票で過半数を獲得できなかったため、クレイはアダムズ支持に回り、これが勝敗を決することになる。当選したアダムズはクレイを国務長官に任命したが、ジャクソンは一般投票で最多票を獲得していたので、これを不服とし、次の選挙までずっとアダムズが「不正な取引」で大統領になった、と非難し続けることになる。

「読み書きのできるアダムズ」

対するアダムズは、第二代大統領を父に持つ名家の出で、ヨーロッパにも留学し、ハーバードの教授をつとめたこともあるインテリである。ピューリタンの末裔としてマサチューセッツに生まれ、七歳の時に独立戦争の緒戦バンカー・ヒルの戦いを間近に見た。若い頃から父の秘書としてヨーロッパへ渡り、語学や礼儀作法を十分に身につけた彼は、ハーバードを卒業し、法律家となり、二六歳でオランダ大使に任命され、三四歳で上院議員に選出された。その間しばらく母校で修辞学を教えてもいる。一八〇九年にマディソンが大統領になると、彼は四一歳でロシア大使として派遣された。次いでモンロー大統領の時代には、国務長官としてオレゴン領有をイギリスと交渉し、スペインからはフロリダを獲得した。とにかく生まれも育ちも一流で、知性も実績もある現職の大統領だった。

だが、彼が一期目をつとめている間に、歴史の針は少し先へ進んでいたようである。建国期のアメリカは、貴族主義的な知識人が国家の指導者になることを当然のように受け入れていた。知性が権力をもつことは、誰にとっても自然なことと思われた。事実、当時の政治家はみな伝統あ

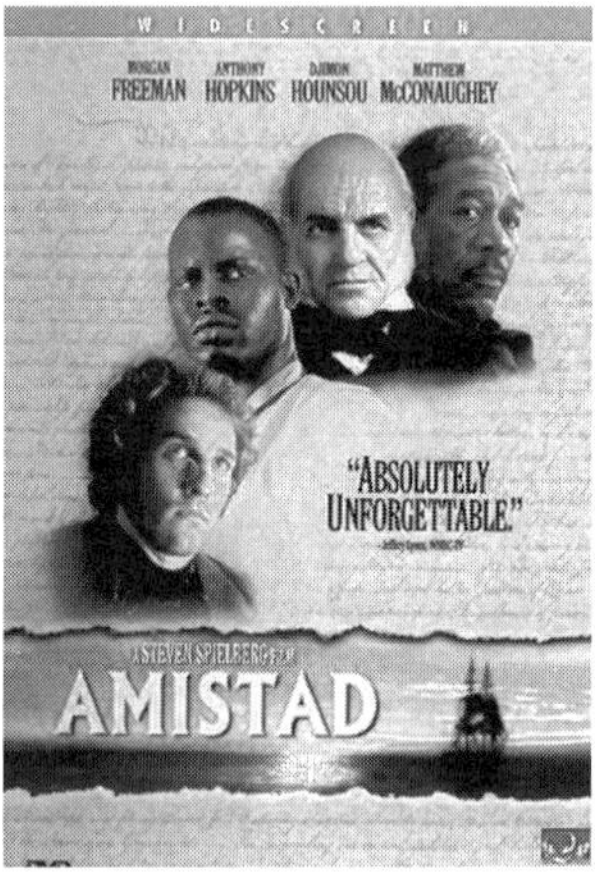

「アミスタッド号事件」を題材にした映画

る名家の出身で、古典的な教養をもったジェントルマンだったし、自分が優れた能力をもっていることを疑わない自信たっぷりの人びとだった。財政や外交といった国家の舵取りをするにも、まだ特別な専門的能力はさほど必要ではなく、幅広い人格的な信頼があれば十分とみなされていたのである。

彼らは、自分の名誉欲を満たすためだけに国政を担当したわけではない。初代ワシントン大統領の右腕だったアレグザンダー・ハミルトンによれば、国の安定と発展は、国の利害が社会の上層にいる人の利害と一致している時にのみ可能である。少数の生まれがよくて金持ちな人が、残りの一般大衆を支配する。つまり民主政治ではなく貴族政治こそがアメリカにふさわしい、という信念である。アダムズの支持者ダニエル・ウェブスターによると、「権力は必然的に財産についてくる」のである。

アダムズはまた、インテリらしい話だが、国道や運河や港湾の建設だけでなく、国立大学や天文台を作ってアメリカの学芸を発展させようとした。しかし、その費用を連邦政府のかける関税で賄おうとしたため、大反対に遭って計画は頓挫してしまう。彼がそんなことを言い出したのも、若い頃からフランスやロシアを回って世界の知的先進国を見てきた経験からであるが、それを聞く人びとからすると、彼の言葉は祖国アメリカの自尊心を深く傷つけるものとなった。コスモポリタニズムは、知識人の間では評判がよくても、素朴な愛国心には訴えないものである。ましてそれが連邦政府の予算計画や中央集権化につながるとなれば、「知性と権力の結びつき」という、反知性主義が発動されるべき最大の要因となってしまうのである。

後述するように、アダムズは再選を果たせずに下野するが、それでもリベラルなインテリという自分の立場を貫き通した。なかでも特筆すべきは、一九九七年の映画「アミスタッド」が雄弁に描き出したような奴隷制への反対である。ジャクソンのあからさまな先住民追放政策と比べると、こういう活動も一般大衆には受けがよくない。アメリカは昔も今も、アフリカ系アメリカ人や先住民や移民の扱いにおいては、知識人の「タテマエ」と一般大衆の「ホンネ」とがぶつかり合う社会である。

大衆動員による選挙

一八二八年の選挙に戻ろう。「タテマエ」と「ホンネ」のぶつかり合いは、この選挙では特に大きな意味をもった。というのも、選挙制度の漸次的な変更により、それまで州議会が選んでいた大統領選挙の選挙人が、ほとんどの州で一般投票により選ばれるようになったからである。この選挙は、アメリカ史ではじめて、一般大衆が大統領選挙というものに関心をもった選挙となった。投票した人の数は、前回の選挙に比べて二倍、前々回の選挙に比べれば四倍にふくれあがった。

その一般大衆を目当てに、大々的な選挙キャンペーンが打たれたのも、はじめてのことである。ジャクソン陣営は、ヴァン・ビューレンら優れた選挙参謀の活躍で全国的な支持者網を作り上げ、一般向けの演説会やパレード、果てはバーベキュー大会まで開き、そこに背が高くて頑丈なヒッコリーの古木（ジャクソンの象徴）を立てたりして、巧みに大衆を投票へと誘い出した。

昨今の大統領選挙ではお馴染みになってしまったが、いわゆる「ネガティヴ・キャンペーン」という中傷合戦もこの選挙に始まった。アダムズの支持者たちは、ジャクソンのことを無知で短気な乱暴者、綴りを間違えてばかりいる無学な田舎者、嘘つきで神をも畏れぬ冒瀆家、などと書き立てたし、妻のレイチェルは前夫との離婚が済まないうちにジャクソンと暮らし始めたとか、現代のワイドショーも顔負けするほどのゴシップを流し続けた。

ジャクソン陣営の方も負けてはいない。アダムズの父ジョン・アダムズが第二代の大統領であったことから、アダムズを「ジョン王二世」と呼び、高位高職を求める偽善者で、その報酬は彼が生まれた日から計算して一日あたり一六ドルというとんでもない額に達しているとか、大統領公邸に賭博用のビリヤード台を誂えたとか、ヨーロッパやロシアの宮廷で贅沢三昧の暮らしをし、果ては皇帝アレクサンドル一世の欲望に若いアメリカ人女性を差し出したなどなど、まさに大衆が飛びつきそうなゴシップ満載の非難合戦である。

結果は、ジャクソンの大勝であった。ジャクソンは南部と西部を制し、アダムズは伝統的なインテリの集まる北部の一角を制しただけである。いちばん大きな影響力をもったのは、ジャクソンの軍人としての名声と、素朴で単純だが正直な人物という大衆評である。これにより、アメリカ政治の担い手は、保守的な富裕層の支配する貴族主義からジャクソン的な民主主義へ、ゆっくりと舞台が回っていった。

ある地方紙はこんな評価を下している。「ジャクソンが綴りの誤りをしたからといって何なのだ。ワシントンだってクリントン（現代のビル・クリントンではなく当時のニューヨーク州知事）だって間違えたではないか。アメリカ合衆国の大統領になるためには、大学教授である必要はない。」[45]

かくして、アメリカの大統領はほとんどが二期務めるが、アダムズは再選されることなく終わった二人目の大統領となった。ちなみに、一人目は誰だったたか。それは、何と彼の父である。父子で大統領になりながら、ともに一期だけで退いたこの二人は、運がよいのか悪いのか、にわかには判断がつかない。いずれにしても、ここでアメリカ史に反知性主義ののろしがあがったのが、はっきりと見て取れる。

反知性主義の使命

大統領の就任式は、首都ワシントンで行われた。地方から詰めかけた大群衆を前に、亡くなったばかりの妻レイチェルを偲《しの》んで黒の喪服に身を包んだジャクソンは、聞き取れないほどの小さな声で演説と宣誓をした後、ペンシルヴェニア通りを大統領公邸へと進んだ。ところが、このヒーローをひと目見ようとする群衆がそのまま後をついて一気に公邸へなだれ込んだため、邸内は上を下への大混乱に陥る。ジャクソンも押しつぶされそうになり、裏口からようやく逃れて無事だった。飲み物が庭へ持ち出されると、人びとがそれについて行ったので、ようやく邸内はそれ以上の破壊が進まずに済んだ。まさに、ジャクソン時代の幕開けを告げるような出来事である。一部始終を見た最高裁判事の一人は、「群衆が王となって支配している」とつぶやいて早々に退散した[46]。

大統領職にあっても、ジャクソンは自分が人民と近い存在であることをできる限りアピールし続けた。連邦議会の議員は各州の代表だが、自分は大統領として全アメリカを代表している、という自負があったからである。彼は、普通の人が政治に関わり、選挙を通して自分の意思を政府に伝えることで、民主主義が進むことを国民に示した。上流階級の人間でなくとも、優れた学問や教養を修めなくても、アメリカ国民はおのずとそれだけの知性と徳性を備えており、「自治」の能力があるのだ、ということである。

彼はまた、特権階級がもつ既得権に強い反感をあらわした。金持ちがより金持ちになり、権力者がさらに大きな権力をもつようになるシステムは、平等と自由競争という根本原理で打破されねばならない。農夫や商人や手工業者といった一般市民がまじめに働いて、その勤勉な努力が報われる社会を建設することが、彼の重要課題となった。権力の自己増殖を防ぐことは、反知性主義の使命である。反知性主義は、ここでは社会の健全さを示す重要なバロメーターとなる。

この使命感をもっともよく表現するのが、政権交代ごとに公務員を入れ替える猟官制（スポイルズ・システム）の導入だった。合衆国政府の公職は、すでに多少とも専門的な知識や経験が必要な時代を迎えつつあったはずだが、ジャクソンはそう考えなかった。官職が特定の人びとに固定的に割り振られ続けることは、権力の独占と腐敗を招く。機会均等という民主的なプラスは、入れ替えによる未熟練の公務員というマイナスよりも大きい、という判断である。

猟官制には、形成されつつあった政党政治を助ける意図もあった。政党による選挙が進み、勝利した党が選挙戦に貢献した人に公職を提供することで、その努力に報いることができるからである。「スポイル」とは、狩猟の獲物や戦争の戦利品を指す。「スポイルズ制」は、ジャクソン派のある上院議員が「獲物は勝利者に属する」と語ったことによる命名である。ジャクソンは、それまで連邦政府を牛耳っていた東部の貴族的な政治家や金融家を引きずり下ろし、その連中を自分の考えに近い友人や支持者たちと入れ替えたいと思ったのである。

ジャクソン政権の遺産

大統領に就任した時、彼はすでに六一歳で、胸には若い頃の決闘で受けた銃弾が残っていた。タバコの嚙みすぎのせいか、頭痛がやまず、いつも身体を揺らすほどの咳に悩まされていた。しかしそれだけに、身体的な不調を凌駕する彼の精神の強さには際立つものがある。背が高く、痩せていて、白くなった髪をうしろにかき上げ、唇を引き結び、目には鋭い眼光を湛えている。歩くときは軍隊歩調だし、馬に乗れば背筋を伸ばして美丈夫である。

気まぐれで怒りっぽく、一度怒り始めたら手がつけられない。と思わせておいて、実際にはなかなかの繊細さを持ち合わせていたようである。ときには無益な長い議論にけりをつけるために、怒りをぶちまけて相手を萎縮させる。しかしそれは、激情に駆られたかのようでいて、常にコントロールされた表現だった。怒りっぽい人間という評判を利用したのである。政治家や代表者を

叱りつけておき、彼らが退出してドアを閉めたとたんに、脇にいた副大統領に、冷静な規律と苦笑を見せたという。(47)

ジャクソンは議会を尊重せず、しばしば拒否権を行使して自説を通した。そのため、当時の風刺画で彼は「アンドリュー王一世」と呼ばれている。足下には憲法の残骸を踏みしめ、片手に「拒否権」、もう一方の手には王笏をもっている。

こんな逸話も残されている。ある商人が、ジャクソンの経済政策で大損したニューヨークのブローカーと話している。


(ため息)「あの老将軍、ついに死んだね。」

(肩をすぼめて)「ああ、やっとね。」

(なだめるように)「でも、彼はいい人だったよ。」

(賛成できずに)「さあ、そりゃどうかわからないね。」

(強調して)「いや、ほんとに彼はいい人だったよ。もし誰かが天国に行ったというなら、ジャクソン将軍こそ行ったと思うよ。」

(頑強に)「そんなことわかるものか。」

「いや、もしアンドリュー・ジャクソンが自分で天国に行くと決めたなら、彼は必ずそこにいるよ。」(48)

つまり、ジャクソンが決めたことなら、神さまがどう思おうと必ず実現する、という話である。

「西部の無学な荒くれ男」とばかり評されるジャクソンだが、在任中に連邦政府の骨格を形成した、けっして侮れない人物である。大統領をアメリカ人民の直接の代表として強く印象づけたのは彼であるし、そのために拒否権を行使して大統領に連邦議会をしのぐ権力があることを示したのも彼である。副大統領カルフーンの策動によるサウスカロライナ州の州権論と離脱論を押さえ込み、連邦の維持と強化にも尽くした。このことには、リンカンも南北戦争に際して深く恩義を感じたに違いない。連邦政府の権限については、第二銀行の設立を葬り、財政均衡を維持し、さらにはフランスやメキシコとの紛争を回避する知恵すら見せた。

「アンドリュー王一世、生まれついての命令屋」とある

ただし、ひとこと付言しておくと、彼の見た「アメリカ人民」には、黒人や先住民や女性は含まれていない。ジャクソンは、先住民の強制移住を進めたが、必要な場合には容赦なく駆逐し殺戮するという手段をとった。広がり行くフロンティアは、基本的には白人入植者が所有すべきものであって、原始的な生活を好む先住民とは共存できない。だから彼らをできるだけ遠くの居住区へ隔離して、直接の接触を避けるべきだ、というのが彼の考えだった。先住民が先祖代々受け継がれてきた土地を去らねばならない

ことを悲しむと、彼はピューリタンが新天地を目指して生まれ故郷を去ったことを引き合いに出した。政府が無償で土地を与え、移住のための費用まで負担するのだから、先住民はありがたく思え、とすら語っている。チェロキー族は、強制移住法により一八三八年の冬にオクラホマまで移住を強いられて四千人を喪ったため、その道程は「涙の道」と呼ばれている。

ジェントルマンの凋落

一九世紀に名をなした人の中には、貧しい出自で学校すらろくに通わなかったのに、いつの間にか弁護士になって政界に躍り出る、という人がいる。ジャクソンもそうだし、丸太小屋に生まれたリンカンも、次に取り上げるフィニーもそうである。弁護士といえば、今では高度の知性と専門的な訓練を必要とする代表的な職業だが、どうやら当時はそうでもなかったらしい。

後に伝説的な英雄となるデイヴィー・クロケット（一七八六－一八三六）も、この時代の人物である。アメリカの子どもたちが歌や逸話で知っている彼は、素手で熊をやっつけ、トレードマークのアライグマ帽を被り、愉快なほら話をして人気を集め、アラモ砦の戦いで勇敢な死を遂げた人物である。しかし彼は同時に、テネシー州の治安判事であり、州選出の連邦議員でもあった。いったい、どこでどうやって法律家になる勉強をしたのだろうか。実は、クロケット自身も「法律の本など生まれてから一頁も読んだことがない」と豪語している。書ける字は自分の名前だけだったという。それでも彼は州の法廷で立派に判事としての職を遂行することができた時代であった。

クロケットにすれば、法律の知識がないことはむしろ誇りである。自分が下した判決は、一度も控訴されることがなかった。なぜなら、自分は法律の知識ではなく、正義と誠実という人間同士の自然な原則にもとづいて判断したからだ、というのが彼の自慢であった。こういうところに、ジャクソン時代の新しい平等意識と民主的な精神の息吹が感じられる。それは、薄っぺらで安っぽいが、新しいものを生み出そうとする活力に溢れている。他の人が何と言おうと、有無を言わさぬ自信に満ちた時代であった。

アメリカという国自身が、自然児であり、青年だったのである。根拠もないのに、なぜか圧倒的な自信をもち、大自然そのままの平等観に裏打ちされて、宗教的な肯定感を体現し、荒削りだが魅力にあふれた、若々しい田舎の青年だった。

伝説的な「西部の男」デイヴィー・クロケット

ホフスタッターは、ジャクソン大統領の時代を「ジェントルマンの凋落」と特徴づけている(49)。それ以前は、アダムズ家に代表されるような上品で教養ある貴族的人物が政治を動かしていたのに、大衆民主主義に押されてジェントルマンが不要になってしまったからである。「不要になった」というよりも、「不利になった」と言うべきかもしれない。上流階級の生まれであるとか、知識人であるとかいうことは、むしろマイナスに数えられるようになった。時代の要請は、「下層階級の人びとの好奇心を刺激し、享楽の欲望を満たし、支持をとりつけるために低俗で野卑なものを提供すること」であった。反知性主義とは、このような背景をもった大衆の志向性である。そして、その同じことが政治の世界だけでなく、宗教の世界にも起こってゆくのがアメリカである。これは、後でビリー・サンデーという大衆伝道者のことを論じる時に出てくるテーマとなる。

ただし、一九世紀も末になると、何の教育も受けずに赤貧から身を起こして政界や実業界のトップへ上り詰める「たたき上げ」の実例は、少しずつ姿を消してゆく。「アメリカン・ドリーム」の可能性は、啓蒙主義的なジェントルマンが社会を支配していた時代にはなかったし、その後の高度に産業化され専門化した都市社会の時代にもない。その間に挟まれた一九世紀の一時期にだけ見られるものである。おそらくそれは、アメリカという国家の青年時代の記憶である。そんなふうに消えてしまったからこそ、アメリカはその甘酸っぱい記憶をいつまでも伝説として残しているのではないだろうか。

ほら話のできるヒーロー

ところで、選挙でジャクソンに負けたアダムズがもっとも腹を立てたことは何だったか。それは、こともあろうに彼の愛する母校ハーバードが、そういうジャクソンに身を屈して「名誉博士号」を授与したことである。アダムズは、知性の最後の牙城であった大学までが政権に尻尾を振るさまを見て、つくづく嫌悪を催し、学位授与式を欠席した。

他方、無学なジャクソンは、海外の知性をも魅了したようである。イギリスの功利主義哲学者ベンサムは、アダムズの古い友人だったので、彼が再選されなかったことを聞いて残念がった。しかしその後、ジャクソンの最初の議会演説を聴いて大いに喜び、この新大統領に長い書簡を送って政権運営に知恵を貸したという。(50) ジャクソン流の大衆民主主義は、「最大多数の最大幸福」というベンサムの哲学に符合するところがあったのだろう。

ハーバードでの名誉博士号話には、もう少し余談がある。学位授与式では、鳴り物入りで登場したジャクソンへの軽蔑と反感に渦巻いていたはずの聴衆が、たちまち彼に魅了されてしまったのである。授与式はラテン語で行われたが、彼は式の最中に立ち上がって自分でも堂々とラテン語の答礼をした、という噂が流れた。

もちろん、ジャクソンがラテン語を知っていたはずはない。ある人の回想録によると、それは次のような答辞だったという。

"Caveat emptor: corpus delicti: ex post facto: dies irae: e pluribus unum: usque ad nauseam: Ursa Major: sic semper tyrannis: quid pro quo: requiescat in pace."

(買い主危険負担の原則、犯罪を構成する証拠物、過去にさかのぼって、怒りの日、多くのものから一を、嫌になるほど、大熊座、暴君には常にこのようにするのだ、見返りの何ものか、安らかに眠れ。(51))

何のことはない、身の回りで目につく限りのラテン語の言葉をでたらめに継ぎ合わせて、それらしく並べただけのことである。おそらく、これもジャクソン一流の「ほら話」(tall tale)のひとつだろう。居並ぶハーバードの聴衆がそれを真に受けた、ということもにわかには信じがたい。だが、噂を聞いた民衆は大喜びし、彼の機転を称えてこの話を語り継いだ。

ここには、二つの心情が表現されているように思われる。ひとつは、それまでにない新たなタイプのヒーローを待望する大衆の期待感であり、もうひとつは、ハーバードという知的権威の象徴に対する秘やかな反感である。反知性主義は、大衆のこうした潜在的な感情から養分を得て成長する。

詐欺師の伝統

アメリカ人は、こういうばかげたほら話が大好きである。先ほど名前を挙げたデイヴィー・クロケットは、いまだに小学校の教科書にも登場する国民的な西部のヒーローである。ダニエル・ブーンもそうだし、他にもスウェーデンボルグ派教会の伝道者で中西部にリンゴを植え続けたジョニー・アップルシードや、巨大な身体をもつ愉快なポール・バニヤンもいれば、西部の開拓地でカラミティ・ジェインと呼ばれた女性もいる。

こういう人びとは、この時代のアメリカに特徴的である。マーク・トウェインによると、イギリス人は「滑稽」(comic)を好み、フランス人は「機知」(wit)を好むが、アメリカ人が求めるのは「ユーモア」(humor)である。[52] 滑稽や機知は、内容そのものが笑いを誘うため、誰が語っても面白いが、ユーモアは話の筋というよりいわば話芸を楽しむもので、話し方の上手下手で大きく違う。それを誰が話すかで、面白さが決まるのである。つまり、ユーモアを求める心は、ヒーローを求める心と同じである。

リンカンやセオドア・ルーズヴェルトはユーモアを上手に使えたが、大統領選でアイゼンハワーと対決したスティーヴンソンは、ユーモアではなくウィットの系列に属する人物だったらしい。ユーモアには土俗性があり、単純で親しみやすい。これに対してウィットは、知的に研ぎ澄まされている。だからときに鋭く人を斬りつける。知的に洗練されている分だけ、貴族趣味にも聞こえてしまう。大衆人気の左右する大統領選挙には大きなマイナスである。

そして、これが「コンマン」の伝統につながっている。どんなに悪巧みを繰り広げる悪漢でも、あるいは嘘で塗り固めた大詐欺師でも、それが見事であれば喝采を受ける。ポール・ニューマンが主役をつとめた一九七三年の映画「スティング」をご記憶の方は多いだろう。あれはシカゴのギャングをやっつけるという筋書きだが、プロの詐欺師をさらなる詐欺で騙すというのは、実に爽快で痛快な話である。

コンマンの騙し合いを描いた映画「スティング」

映画「テイキング・サイド」は、日本でも舞台劇として上演された

強者をやっつける反知性主義

ただし、注意してほしい。ここでやっつけられるのは、善にせよ悪にせよ、「権力者」である。彼らはけっして弱い人や貧しい人を騙したりしない。先に触れた「ペーパー・ムーン」ですら、聖書を売りつけようとした相手が子だくさんの貧しい家庭だったことがわかると、娘役のテータム・オニールが機転を利かせてタダにしてしまうのである。コンマンの相手は、町の金持ちでも連邦政府でもギャングの親玉でもいい。とにかく強い者をやっつけるのがポイントである。それで大きな利益を手にすることもあるが、それが目的ではない。目的は何といっても「相手のハナをあかす」ことである。反知性主義は、反権力主義である。

彼らが権力と戦うために使う武器にも特徴がある。それは、精密に練り上げられた仕掛けであり、巧まざる話術であり、大舞台を前にしてひるまない絶対の自信である。そういうところでは、腕力や実力を使ってはいけない。すべて「スマートに」やらなければならないのである。つまり、腕力ではなく知恵がいる。悪巧みの知恵である。反知性主義には、相当の知性が必要なのである。

もう一つ例を付け加えておこう。ここで言う「強者」には、権力や金をもつ者だけでなく、芸術の大家も含まれる。二〇〇一年に公開された映画「テイキング・サイド」は、ナチス協力の嫌疑で取り調べられるベルリン交響楽団の名指揮者フルトヴェングラーを描いたものである。彼を取り調べるのは占領アメリカ軍の若い少佐だが、少佐の助手をつとめる人びとは、ナチスの害を被った過去をもちながらも、この大音楽家をできるだけ丁重に扱おうとする。映画の軸は、尊大な自意識をもった往年の名指揮者と、その彼をあえて一般人と同様に扱おうとする少佐との対決だった。

このアメリカ人少佐は、芸術を解さないまったくの俗物というわけではない。彼はただ、特別な芸術家であるからといって特別な配慮をしなければならない、という通念に強烈な反感を抱いているのである。人はみな平等である。善においても悪においても。どんなに偉大なマエストロも、秘かに身勝手な欲望を満たしているという点では、他の人と同じただの「クソ野郎」にすぎないのである。

とりわけ、権力と結びついた芸術は、反知性主義の嫌う対象である。ナチスの政権掌握後もドイツにとどまり、ヒトラーの誕生日を祝う演奏をしたり、指揮後にゲッベルス宣伝相と握手をしたりしたフルトヴェングラーは、ナチ政権の厚い庇護を受けた。アメリカ人少佐には、そういう芸術と権力との野合が許せないのである。この映画は、アメリカ特有の反知性主義を巧みに描き出している。

3. リバイバルのテクニック

チャールズ・フィニー

ジャクソン大統領時代の大衆的なアメリカ民主主義を、「ジャクソニアン・デモクラシー」と呼ぶ。一九世紀アメリカのキリスト教も、この追い風を受けて大衆化し卑俗化していった。第二次信仰復興運動のもっとも傑出したリーダーといえば、チャールズ・グランディサン・フィニー（一七九二－一八七五）だろう。長身で、よく通る大きな声をもち、鋭く燃えるような眼で相手を見つめる彼は、強く人びとの印象に残ったようである。ジャクソンが貴族政治家と独占資本家から連邦政府を奪い取って一般市民の手にわたしたように、フィニーは東部の知識階級から教会を奪い取って一般信徒の手にわたした、と言ってよい。

彼の父は、独立戦争後にニューヨーク北部へ移り住んだが、このあたり一帯はリバイバルの訪れを何度も経験してきており、後にフィニーが「燃え尽き地区」と呼ぶことになる地域である。両親とも特に信仰熱心ではなかったらしい。町の人びとは、ときおりやってくる巡回説教者の話を聞いては、それがどんなに無知でひどい間違いばかりだったかを笑い話にするのを楽しみにしていたくらいである(53)。

やがて法律の勉強をするようになった彼は、法律文書の中にしばしば聖書が引用されているのを知り、生まれてはじめて聖書を購入し、自分で読むようになる。彼を教えた先生はプリンストン大学卒だったが、その先生が旧派で頑迷な正統主義者だったため、奨学金付きでプリンストンに入学して学ぶことを勧められた時、彼はきっぱりと断っている[54]。当時のプリンストンは、古色蒼然としたカルヴァン主義の牙城だったのである。こういう態度も、反知性主義に合致する。どんなに世間の評判がよくても、自分自身の判断基準でそれを退けるところである。知性をある特定の権威と固定的に結びつけることには、断固として反対する。

フィニーは結局、神学も法律もほとんど独学で学んだ。彼の確信は聖書に由来するだけで、教会の教理問答すら、聖書的な裏付けに乏しいという理由で顧みなかった。牧師になるには、最終的には聖霊の導きだけが必要で、神学教育は無意味である。いくら小難しい神学を頭に詰め込んでも、そんなインテリ牧師の話は聴衆の頭の上を通り過ぎてゆくだけである。昔日のピューリタン牧師は聖書解釈のためにヘブライ語やギリシア語を学んだが、フィニーはそれも学ばなかった。聖書は英語で読むことができるだけで、原典から独力で解釈するなどという作業はできない。それでも彼の説教は人びとの心に届き、彼の生涯を通して五〇万人が回心を遂げたと言われている。

第二次信仰復興運動の指導者チャールズ・フィニー

弁護士のように説教を語る

法律家としての訓練は、牧師となってからも役に立ったようである。法廷で弁護士が陪審員に向かって話す時には、できる限りわかりやすい言葉や身近な例を使う。聞いている者の心に届くように話し、完璧な証拠を示して、重要な点を何度も繰り返して強調する。彼らが陪審員室へと退出する時には、どんな評決を出すべきかが心の中ではっきりと決まっている、というところまでもって行かなければならないのである。(55)

これは、リバイバル説教がなすべきことと同じであった。説教は、神の愛の証拠をしっかりと示し、同じことを何度も繰り返して心に刻みつけ、礼拝が終わるまでには信仰と献身の決心がしっかりとできた状態になるように、聴衆の心を摑まねばならない。フィニーにとって、有能な説教家が養うべき能力は、有能な弁護士と同じ能力なのである。

やがて彼は、一八三三年にできたオベリン大学に招かれ、教授として神学を講じ、学長にもなる。自分でも少しずつ神学的な立場を明確にしていったが、その判断基準は最後まで「この神学は人を回心と聖潔へと導くかどうか」だったという。つまり、ある教えが正しいかどうかは、それが実践の場で「使えるかどうか」で決まる、ということである。これは、アメリカ哲学の伝統であるプラグマティズムの考え方に他ならない。フィニーは、自分でもそれと知らずに説教でプラグマティズムを体現した人物だった。

反知性主義といっても、フィニーは学問そのものを敵視したわけではない。彼はことに自然科学を高く評価していたが、これもピューリタン以来の伝統である。ピューリタン的な理解によると、神は創造に際して二つの書物を書いた。ひとつは聖書（The Book of Scripture）で、もうひとつは自然（The Book of Nature）である。だから、正しく理解さえすれば、自然は神の栄光を語り出すのである。これは前章で見たエマソンの自然理解でもあり、フライ・フィッシングをするノーマンの自然理解でもある。フィニーが釣り竿の代わりに使ったのは、科学であった。科学によってその神秘を学ぶことは、自然の創始者たる神の意志を探る手段となるからである。

ここからもわかるように、反知性主義は単なる知性への軽蔑と同義ではない。それは、知性が権威と結びつくことに対する反発であり、何事も自分自身で判断し直すことを求める態度である。そのためには、自分の知性を磨き、論理や構造を導く力を高め、そして何よりも、精神の胆力を鍛えあげなければならない。この世で一般的に「権威」とされるものに、たとえ一人でも相対して立つ、という覚悟が必要だからである。だからこそ反知性主義は、宗教的な確信を背景にして育つのである。

宗教か呪術か

オベリン大学へと移った一八三五年に、フィニーは「宗教リバイバルとは何か」という論文を発表した(56)。その内容は、リバイバリストの書いたものとしては驚くべきものである。ふつうの伝道者なら、「リバイバルは、神の力によって起こる奇跡だ」と言うだろう。ところが彼は、「リバイバルは奇跡ではない」と断言したのである。これは、宗教学の常識からすると、ずいぶん大胆な発言である。というのも、奇跡をどう考えるかで、「宗教」と「呪術」とが区別されるからである。

この二つを最初に区別したのは、フィニーの時代より少し後のイギリスで、『金枝篇』という壮大な宗教史研究を書いたジェイムズ・フレイザー卿である。[57]フレイザーは近代宗教学のさまざまな概念を創出したが、彼によると「呪術」は昔の「科学」である。呪術の考え方には、原因と結果を合理的に関連づける体系が見られるからである。たとえば、雨乞いをするには、太鼓を叩いて雷鳴の真似をする。あるいは、憎い相手には、わら人形にその人の髪の毛を織り込んで呪いをかける。そこには、模倣や感染という明快な連関がある。こういう連関は、現代人の目にはいかに非科学的に見えても、当人たちにとってはそれなりの合理性をもっている。だからフレイザーは、呪術を前近代的な科学と同列に置いたのである。呪術は、特定の手段によって特定の目的をもたらそうとする努力である。これは科学の手続きと同じで、そこに不思議なことは何も起こらない。期待された目的が期待された通りに起きるのが当然なのであって、このプロセスには神も奇跡も信仰も不要である。だからフレイザーは、「呪術は奇跡を行わない」という名言を残している。

これに対して、「宗教」はまったく別の思考法をとる。もし何か奇跡があるとすれば、それは人間ではなく神が起こすのである。人間にとって、それは「起こす」ものではなく「起きる」ものである。つまり、たまたまその場に居合わせて、それを目撃するにすぎない。主人公は人間ではなく、あくまでも神である。だからそれが奇跡であることを知るには、どうしても信仰が必要なのである。

かつてある日本の新興宗教の教祖が、座禅を組んだまま空中浮揚してみせた。信者たちはその光景を目の当たりにして盲信的な弟子となり、結局は地下鉄サリン事件を起こすに至ってしまった。しかし、フレイザーの区別からすると、あれは奇跡ではなく、宗教でもない。「これからこんな奇跡を起こしますよ」と予告しておいて、それをその通りに引き起こすことは、宗教学的に言うと奇跡ではない。どんな方法を使ったかはともかく、特定の手段により特定の結果を実現させただけなので、それは科学であり呪術である。いずれも、何かしらの種明かしがある、という意味では合理的である。そういう行為は、「奇術」といってもよい。ちなみに、英語では呪術も奇術も同じ「マジック」である。

リバイバルは奇跡ではない

フィニーに戻ろう。「リバイバルは奇跡ではない」という彼の発言は、リバイバルが神の起こした出来事であることを否定したことになる。とすると、彼は宗教も信仰も否定したのであろうか。そうではない。彼が言いたかったのは、リバイバルには人間の努力が必要だ、ということである。そして、神はそういう人間の努力を待っておられる、ということである。

では、なぜ神はそんな回り道をするのか。フィニーによると、人間は生理学的に、長期にわたって興奮状態を維持することができない。神経のシステムが耐えられず、健康を害してしまうからである。だから人間の宗教心は、一時的には高まっても必ず衰退し、眠りに落ちる。それをもう一度目覚めさせるのが「リバイバル」であり、まさに「覚醒」なのである。つまり、宗教は人間にとって、周期的に訪れる波のようなものである。寄せては返し、高まっては鎮まる。それを繰り返す。だから、宗教の衰退を嘆いたりぼやいたりする必要もない。人間は、しばらくは不信仰になるかもしれないが、リバイバルの波が来れば、また信仰を取り戻すからである。まことに前向きで楽観的な考え方である。

「コンマン」の伝統のところで触れた映画「エルマー・ガントリー」に、とても印象的なシーンがある。リバイバル集会が果てた後のテントを掃除していた親爺が、自嘲気味にこう語るのである。「回心なんざ、わしは何度も経験ずみだよ。」つまり、一度回心して、その時は宗教心が燃え上がるが、しばらくすると、憑き物が落ちたようにすうっと正気に返る。生活もまた元の木阿弥になる。だからまたしばらくしてリバイバルの波がやってくると、そのような自分の不信仰を恥じて、ふたたび信仰心を新たにする。この繰り返しである。ちょうど、「何度も禁煙した」とうそぶく人に似て、結局は禁煙も回心も何の役にも立たなかった、ということを素直に認めているわけである。

リバイバルのプロデューサー

ところがフィニーは、「いやそれでよいのだ」と言うのである。彼はむしろ、人間の努力目標としてリバイバルを捉え直す。リバイバルは、神頼みではなく、人間の努力で起こさねばならない。その方法は、科学の実験と同じで、自然の力を正しく用いればよいだけである。もちろん、フィニーも人間の努力だけでリバイバルが起こせる、と言っているわけではない。畑で働く人は、土を耕し、種を植え、肥料をやって働くことで、収穫に至るが、それと同時に、太陽や雨も必要である。同じように、人間は適切な時期に適切な労働をしなければならない。そうすれば、神はそれを祝福し、必ず霊的な収穫を与えてくださる、という神人の協力作業である。

この「適切な時期に」というのが大事で、そこにはフィニーの意外なメッセージも込められている。伝道者たちはいつも信仰の大復興が起きることを願いながら働いているが、もしリバイバルが波であるなら、ある程度の間隔をおかないと次の波は来ない。その間は、どんなに人間ががんばっても、リバイバルは起きないのである。つまり彼は、「時のしるし」をよく見定めよ、と勧めているのである。リバイバルが起きるには、神の定めた時（カイロス）がある。そのカイロスを見誤ると、いくら努力しても報われず、かえって逆効果になってしまう。だから、波と波の間は、無駄な努力をするのをやめて、じたばたせずに次の波を待ちなさい、ということである。

つまり彼は、適当に「中休み」を取ることを勧めている。こんな説教家がいるだろうか。何とも現実的というか、効率的というか、ちゃっかりしているというか。次章ではリバイバルをビジネスと考える人びとを紹介するが、その萌芽はすでにフィニーの中に見えている。彼は、神をビジネスパートナーに見立て、リバイバルをいかに効率的に成功させるかを考えている。自分でもよく働いたが、教育者としてその後の多くのリバイバリストを育てたという点で、フィニーは現代で言えば「プロデューサー」のようなタイプの人間である。

女性と黒人の平等へ

このような彼の考えは、教会内の保守派からは猛反発を受けた。保守的な人びとは、カルヴァン以来の厳格な神学で人間を見ていたから、人間は完全に堕落しており、自分の救いのためには何一つできない存在だと考えていた。人間は、自分の意志で回心に至ることすらできず、ただ神の恵みを待つしかない存在なのである。

　フィニーも、原罪によって人間の道徳的本性が歪められてしまった、ということまでは認める。しかし神は、「みずから助くる者を助く」のである。回心を祈り願うなら、神は必ずそれをかなえてくださる。それはつまり、自分で決心さえすれば回心に至ることができる、ということである。

アメリカ初の黒人女性大学卒業者メアリ・ジェイン・パターソン

そうでなければ、リバイバル説教は無駄ということになろう。いくら「回心せよ」と迫られても、自分ではなく神が回心させてくれるのを待つだけならば、リバイバリズムは意味がない。彼自身、法律の勉強をしていた頃のある日、自分で決心して自発的に回心した経験をもっていた。だから彼は、この考え方に確信をもっていたのである。

　フィニーの実践志向は、奴隷解放や禁酒運動や障がい者扶助などといった社会改革にも道を開いていった。彼は、女性や黒人の社会進出を積極的に応援した。神に祈ることや、福音の宣教をすることは、男だけの仕事である必要はないし、白人だけの仕事でもない。フィニーは、男女混合の集会で女性が前に立って祈りを捧げることを奨励したが、これは当時の慣習からすると画期的なことだった。

彼が教授となり学長となったオベリン大学は、アメリカで最初に男女共学を掲げて設立された大学である。一八三七年には四人の女性が正規に入学し、うち三人が初の女性学士として卒業した。一人は学資が続かず休学したが、結婚してから復学し、これも無事卒業する。その夫は、後に同大学の学長となったフェアチャイルドである。一八四七年に卒業したアントワネット・ブラウン・ブラックウェルは、アメリカで女性として初めて牧師に任職されたし、黒人女性では、一八六二年にメアリ・ジェイン・パターソンが最初に学位を授けられている。

これらのオベリン卒業生は、参政権など女性の権利を拡大するための活動や奴隷制廃止運動で、指導的な役割を果たしてゆくことになる。一九〇〇年までに専門職を得た女性のうち、何と三分の一がオベリン大学の卒業であった。オベリンはまた、南部から逃亡してきた奴隷たちを北へ送り出す「地下鉄道」の重要な拠点にもなっている。

第六章　反知性主義のもう一つのエンジン

1. 巨大産業化するリバイバル

第三次信仰復興運動

もしフィニーがリバイバルを立派な職業に仕立て上げたと言えるなら、ムーディはそれを巨大なビジネスにしたと言うことができる。フィニーはリバイバルの理論を打ち立てたが、その理論を実践する場は一万人に満たない小さな町に限られていた。ムーディが目指したのは、十万人を越える人口を抱えた巨大都市である。彼の考えによると、水が高いところから流れてゆくように、リバイバルも大都市にうねり始まれば、それが流れ広がって全土を潤すことになるのである。

ドワイト・ムーディ（一八三七－一八九九）の活動した一九世紀末は、「第三次」の信仰復興運動に数えられる。それは、アメリカが農業社会から工業社会へ、農村中心から都市中心の国家へと姿を変えつつある時代だった。その変化を支えるために、さらに大量の移民が流入し、それと共に経済格差も広がってゆく。素朴な田舎の出身で、満足な教育も受けず、都会の喧噪の中で不安と孤独をかみしめている人びとが、無名の「大衆」となって漂流し始めた時代である。リバイバルは、第一次や第二次の時と同じように、こうした人びとの心に浸透して大きなうねりを生み出していった。

子どもたちの日曜学校から

ムーディは、マサチューセッツ州の貧しい煉瓦職人の家に生まれた。父親は飲んだくれたあげく、彼が四歳の時に七人の子を残して死んだが、残された妻にはひと月後さらに双子が生まれている。学校教育をほとんど受ける余裕のなかったムーディだが、後年母は「そういえば」と思い出したことがある。ドワイト少年は、想像上の大観衆を前に演説をぶつ真似をするのが大好きだったという。

一七歳で叔父を頼ってボストンへ赴いた彼は、靴販売業を手伝うことになる。叔父は彼に三つの約束をさせた。酒を飲まないこと、ギャンブルをしないこと、そして母を悲しませるような場所に出入りしないこと、この三つである。叔父はまた、日曜日には自分の所属する会衆派教会に必ず出席するよう、彼に言い渡した。週日の仕事で疲れきっていたムーディは、いつも説教が始まると居眠りをしていたというが、そこで日曜学校を手伝ううちに、彼にも回心の機会が訪れる。

やがて彼はシカゴへ移る。最初は、日曜日にもかかわらず商店が営業しているのを見て憤慨したムーディだが、急成長しつつある商業と金融の街で、自分でも着実に財をなしてゆく。勤勉で倹約、敬虔で商売上手な彼は、人びとにも認められ、やがて日曜学校を開くようになる。彼がスラム街にあった酒場を改修して集会を始めると、瞬く間にとんでもない数の子どもたちが集まってきた。そこで彼は、市長に交渉して町の施設を無料で貸してもらい、何と「日曜学校債」という債券を発行して、一万ドルをかき集めてしまうのである。このあたりから、彼はリバイバルとビジネスを上手に結びつける術を磨き始めた。

一八六〇年には、成功した事業のすべてを手放し、手元に残った七千ドルで伝道に専心する決意をする。彼は、ＹＭＣＡの会長となり、窮民救済事業を進め、南北戦争の戦場に救援を送り、傷病兵を受け入れるなど、八面六臂の活躍を続けた。街角では伝道文書を配り、一日に必ず一人に「あなたはクリスチャンですか」と尋ねることをみずからに課した。町の有力者たちも、この善意の福祉と教育の事業に資金を提供することを喜んだようである。彼の手元資金が底をつくと、ビジネスで成功した人びとは、自分の代わりに神のために働いてくれるムーディに進んで献金を申し出た。

ドワイト・ムーディ

スラム街の子どもや親にとり、既存の教会はとても敷居が高くて足を踏み入れることができない。ムーディは、そういう貧困階級のための「教会」を作り、その初代「牧師」として振る舞った。もちろん彼は神学の教育を受けたこともなく、どこかの教派で正式に牧師として認められたわけでもない。おそらく自分でも、牧師であるつもりはなく、あくまでも困った人の面倒を見る世話役くらいの認識だったと思われる。だから彼は、説教する時にもけっして牧師が着用するようなガウンを着なかった。会社勤めのサラリーマンが着るような、ふつうの背広姿で説教台に立ったのである。それがまた人びとには親しみやすい信頼感を与えた。

ムーディは特に昼の祈禱会を多用した。それは、都会にあふれる商人たちや工場労働者たちが出席しやすい時間帯だったからである。伝道活動がさらに好調になると、毎夜九時に若者たちの会を始め、日曜日には四つの集会に出ることもあった。まさに、疲れを知らない精力的な働きぶりである。

独立系教会のはじまり

ムーディの教会は、その後全世界で見られるようになる「独立系」教会のはしりとなった。これは、伝統的な「教派」の枠組みとは無関係に、民衆のなかから自生的に成立する集会のことである。読者の中には、そんな教会はいくらでもあるはずだ、と思われる方があるかもしれない。たしかにその通りである。昨今なら、そういう教会は「単立」とか「超教派」を名乗ることになるのだろう。実情からすれば、とりたてて既存の教派を「超越」しようと意図したわけではなく、ただみんなが自然と集まってできただけであるとしても。

だが、教会というのは不思議なもので、たとえそういう成立のしかたをしても、主要メンバーは以前にどこかで何かしら教会とのつながりをもっているものである。新約聖書に「聞いたことのない者を、どうして信じることがあろうか。宣べ伝える者がいなくては、どうして聞くことがあろうか。」（「ローマ人への手紙」一〇章一四節）という言葉があるが、キリスト教はいつも誰かが誰かに伝えることで広まってゆく。本書冒頭で宗教とウィルス感染との類似性を説明したが、ここでもその類比があてはまる。キリスト教というウィルスは、自然発生するということはない。教会に集まる者には、それぞれ過去にどこかで別の教会との「感染経路」がある。それが多くて太ければ、その教派の本部と連絡を取り、その教派を名乗ることになるが、そういう人が少なければ、「独立系」と呼ばれることになる。

ムーディは、書斎にこもって読書をするような人間ではなかったので、昼休みの時間になると、シカゴの街に立ち、通りを歩く人に誰彼かまわず声をかけては教会に押し込んだ。十分に人が集まったのを見届けると、今度は自分で壇上に立ち、語り始めるのである。それは、聴衆の一人一人に直接語りかけるリバイバル説教の特徴的なスタイルであった。たとえば、こんな具合である。

「そこに座っているあなた、その一つ目の窓の横にいる、そうです、あなたです。あなたは主を愛しておられますよね。」
「後ろの席に座っている赤毛のご紳士、ええ、あなたです。あなたはクリスチャンですか。」(58)

いきなり公衆の面前で指名された人が、どぎまぎしながら一応のこと「はい」と答えると、間髪を入れず次の質問が飛んでくる。

「あなたは自分の罪に気づいておられます。さて、いつまでそれを続けるおつもりですか。そのまま滅びに至るのを待ちますか。それとも、そういう人生から救われたいですか。今、神の許しを請い、恵みによって救われて、新しい人生を歩み出したいと思いませんか。」

こう畳みかけられると、もう否とは言えなくなる。気がついた時には、ムーディと共に跪いて神の赦しを祈り、涙にうち震えながら全会衆とともに「アーメン」と唱和しているのである。

理想のビジネスモデル

なぜリバイバルはビジネスと相性がよいのか。それは、リバイバルが普通ではあり得ないような理想的なビジネスモデルを提供するからである。それを説明するには、ムーディがしたこんな話を聞いてみるとよい。

ある男がムーディの伝道集会で回心を遂げた。ムーディは彼に忠告をした。「これで悪魔の罠を逃れたと思ってはいけません。明日の朝になれば、悪魔は必ずやってきてあなたに言うでしょう。『昨夜はただの気の迷いを起こしたに過ぎない。神がおまえのような人間を許してくれるはずがないからだ。』もしそういう悪魔の囁きを聞いたなら、イエスの約束の言葉を思い出して闘いなさい。『わたしに来る者を決して拒みはしない』(「ヨハネによる福音書」

六章三七節)。」

悪魔は思ったよりも早く来た。彼がまだ家に帰りつかないうちに、悪魔は彼にこう囁いたのである。「キリストがそんなことを言っただと？　そんなはずはない。それは聖書を翻訳したやつが間違えただけさ。」悪魔はそう言って闇に消えた。哀れな男は真夜中まで悩み抜いたが、ついにある結論にたどり着いた。「まあいいさ。とにかくおれは聖書の言葉を信じる。もしそれが間違いだったら、天国に行った時に言えばいい。いえ神さま、わたしの責任じゃありません。翻訳者が間違えたんです。」そしてぐっすり眠った。[59]

大事なことは、これを語っているのがムーディ自身だ、ということである。彼は、リバイバルによる回心が熱しやすく冷めやすいことを十分にわきまえていた。一夜にして変わったものは、また一夜にしてひっくり返る。リバイバルによって回心を遂げながら、すぐに脱落してしまう輩も少なくなかったに違いない。この話は、あらかじめそういう脱落者が出ることを計算の上で、用心するよう諭しているのである。

彼の説諭そのものは真心から出たものだろう。だが、フィニーのところで前述した通り、「リバイバル」という現象そのものは、寄せては返す波のようにこうして何度でも繰り返す。そして、そうであるからこそ、リバイバルは成長ビジネスとなる。一度の回心で誰もが聖人になってしまったら、この商売はやがて行き詰まってしまうだろう。しかしリバイバルは、いわば同じ客に同じ商品を何度でも売ることができる。営業モデルとしては、あらゆるセールスマンの最高の夢のようなビジネスなのである。ムーディのこの話には、真面目だが滑稽で、ちょっと淋しいがあくまでも楽観的なリバイバリズムの特徴がよく表れている。

もちろん、買い手の方からすれば、それでは詐欺に遭ったような話になる。しかし、上手な詐欺師になればなるほど、相手は自分が詐欺に遭ったことすら気づかないものである。映画「ペーパー・ムーン」で、聖書を売りつける詐欺にあった未亡人を思い出してほしい。亡くなったばかりのご主人からのプレゼントだと思い込んで、「ほんとにありがとう」と言っている。彼らは喜んで騙され、お金を出す。誰も傷つかない。詐欺師は、感謝されこそすれ、憎まれることはない。まことにありがたい、理想のビジネスである。

イギリスへの伝道旅行

こうして大成功を収めたムーディだが、そこへ起きたのが一八七一年のシカゴ大火である。何とムーディは、家も教会も日曜学校もＹＭＣＡも、すべてを火事で失ってしまった。彼はすぐさま街の復興に乗り出すが、ほぼ半年は伝道活動ができないことを悟る。そこで彼は、復興を仲間に委ね、かねてより招かれていたイギリスへの伝道旅行を決行することにした。とにかくじっとしていることのできない男である。

周到な準備の後、彼はゴスペル歌手のアイラ・サンキー（一八四〇－一九〇八）を伴って二年間のイギリス伝道旅行に乗り出す。着いた時には無名であったが、説教と音楽という二人の名コンビは、スコットランドとアイルランドの大都市を皮切りにリバイバル集会を繰り返し、どこでも大歓迎されて、二年後にはイギリス中の有名人となっていた。ロンドンだけで、二五〇万人が彼の説教を聞いたと言われる。植民地時代には、イギリスから訪れたホイットフィールドがアメリカの人びとを熱狂させたが、今度はアメリカからイギリスへ渡ったムーディが世間を圧倒して、お返しをしたことになる。

エディンバラでは特にスラム地区での伝道集会に力を入れ、全国の牧師に向けて、スコットランドと大英帝国全体のために、時を合わせて祈るよう書き送ったりした。これを「祈りのコンサート」という。今ならインターネットを通して呼びかけるような大衆動員運動である。グラスゴーの後は、ベルファスト、ダブリンへ渡り、マンチェスター、シェフィールド、バーミンガム、リヴァプールを経て、ロンドンへ帰ってきた。一つの集会はおよそ五週間続く。集会のために、数千席もある小屋やテントが建てられた。

イギリスを席巻したムーディーとサンキー（©CSG CIC Glasgow Museums and Libraries Collection: The Mitchell Library, Special Collections）

体制派知識人の反発

とはいえ、ここでもエスタブリッシュメントの反発は繰り返された。メソジスト教会やバプテスト教会はムーディとサンキーを受け入れたが、英国教会に属する上層階級の人びとは、ムーディが正規の牧師ではないことや、サンキーの独唱が伝統的な教会の礼拝と相容れないことなどを嫌い、彼らを迎え入れなかった。二人は「粗野なヤンキー」「軍事教練軍曹の宗教版」「鳴り物入りのまやかし」などと非難されている。カンタベリー大主教は、無資格者によるリバイバル集会の害を憂慮する宣言を出したし、ヴィクトリア女王はムーディの招待を受けて「センセーショナルな宗教は長続きするはずがなく、自分の好みに合わない」と断った、という話も伝えられた(60)。

議会では、ムーディが将来の国家の指導者となるべき若者に与える悪影響が議論された。逆に、アメリカからの新聞特派員は、二人がロンドンで大成功していることを大喜びで本国に伝えている。まるで日本人の演奏家がニューヨークのカーネギーホールでデビューしたような心持ちだったのだろう。

ムーディにはフィニーのような鋭い眼光もなく、その話術には聴衆を威嚇するような強烈さもなかった。短軀で太り気味、濃いひげ面がいっそう彼の首を短く見せており、人当たりも柔らかで好感の持てる人物である。あくまでも優しく、礼儀正しく、聴衆を焚きつけることも煽り立てることもしなかった。彼の話が終わると、サンキーのオルガン演奏とふくよかな歌声が聴衆を魅了する。彼のオルガンはアメリカから持ち込んだ小さなものだったため、伴奏なしで歌う詩篇歌しか知らなかったイギリスの会衆も、比較的容易に受け入れることができた。彼らの集会はあくまでも秩序だっており、人びとが心配したアメリカのキャンプミーティングのような乱痴気騒ぎにはならなかった。

しかし、ムーディ自身はその成功を次第に注意深く見直すようになる。それは、集会に来ている人びとがロンドン以外の住民で、多くがきちんとした身なりをした教養ある中流階級の人びとだったからである。これらの人びとは、はじめて聖書のメッセージを聞くのではなく、ふだんも教会に通っているまじめな信徒なのである。なかには、すでに何度か彼の集会に出席して回心を遂げたはずの顔もちらほら見える。しかし、ムーディが語りかけたかったのは、貧民街に住み教育を受けたこともない下層階級の若者であった。やがて彼は、聴衆にこんな訴えかけをするようになる。「みなさんは、すでに回心したクリスチャンではありませんか。もうこの集会に来るのはやめにしてください。次はここから出て行って、外にいる無数の人びとに福音を聞くチャンスを与えてください。[61]」

スコットランド教会の立場

ムーディは反知性主義者であったか。あるいは、どの程度反知性主義的だったか。それは彼が知性をどのように評価していたかだけでなく、彼がどれだけ体制や権力に対して戦闘的だったかによって計られる。

もともとスコットランドは、宗教改革時代にメアリ女王と激しく対決したジョン・ノックスの指導により、長老派教会を公定教会としていた。一八四三年には、この「チャーチ」としての長老派教会から、「セクト」として別の長老派「自由教会」が生まれようとしていた。今でもエディンバラ大学の神学部は「ニュー・カレッジ」と呼ばれているが、それはこの神学部が新しい自由教会の創立した神学部だからである。ムーディの訪れたスコットランドは、同じ教会の中で分裂した新旧長老派の論争が続いていたスコットランドだった。
彼の伝道スタイルは、当然のことながら新しい「自由教会」に属する人びとに好まれた。古い方の教会は、二百年も前からの公式見解である「ウェストミンスター信仰告白」に囚われすぎていて、日曜毎の説教はその繰り返しである。それを信じなければ救われない、という教会の態度にうんざりしていた人びとには、「信じる者はもれなく、イエスによって義とされる」(「使徒行伝」一三章三九節)と強調するムーディの言葉は、新鮮に響いたことだろう。
ムーディによれば、伝統的な教会の説教は、聴衆の「頭の上を百フィートも高く」飛んでいる。もし「熱意なき知識」と「知識なき熱意」のどちらかを選ばねばならないとしたら、彼は明らかに後者を選ぶだろう。グラスゴーで説教した時には、こんなことを語って神学者たちの間に物議を醸した。

スコットランドでは、高地人向きの神学と、低地人向きの神学があるらしい。特に前者は、それを学んで救われるのに六ヶ月もかかるという。そんなにかかったのでは、救われる前に死んでしまうだろう。わたしの神学はそのどちらでもない。ただ聖書の神学があるだけだ。それは、人は今この瞬間に救われることができる、と教えてくれる。(62)

エディンバラでは「救われたいのだが、自分が神の選びを受けているかどうかわからない」と悩む老婦人にこう断言している。「あなたの救いには、選びの教理などまったく無関係です。それは、中国の法律がどうなっていようと、今のあなたにまったく関係がないのと同じです。」
この時代の感傷的な楽観主義は、少し前のアメリカでジャクソン的な民主主義を謳歌していた人びとの楽観主義と相通ずるものがある。そこには、伝統的な教会の指導者階級に対する反感も少なからず加味されていただろう。ムーディは、教育が人を善良にすることはなく、むしろ教育を受けたならず者は余計にたちが悪い、と考えていた。
聖書の中でイエスが語った「よきサマリヤ人」のたとえも、ムーディにかかるとこんな話になる。

あるメソジストの信徒が、追いはぎに遭った哀れな旅人を介抱して、自分のロバに乗せようとしていた。傷ついた旅人の身体は重かったので、メソジストは通りがかった長老派の信徒に手伝いを頼んだ。すると彼は尋ねた。「あんたはこの旅人をどの教会に連れて行くつもりだね。」メソジストは答えた。「いや、そんなことはまだ考えていない。まず彼を助けてあげなきゃ。」ところが、長老派は言った。「この男がどの教会に行くことになるのかわからないなら、わたしは手を貸さない。」続いて監督派（英国教会）の信徒が通りがかったが、彼はまずその哀れな旅人が堅信礼を受けているかどうかを尋ねた。メソジストは答えた。「いや、そんな暇はなかったからまだ聞いていないよ。まず彼を助けようじゃないか。」(63)

要するに、社会階層も教育程度も低いメソジストこそがイエスの褒めた「よきサマリヤ人」で、高学歴で高収入の長老派や監督派は冷淡な「祭司」や「律法学者」だ、ということである。イエスのたとえ話そのものが学のある祭司や律法学者を批判しているので、こういう当てこすりは効き目がある。反知性主義を根拠づけているのは、聖書自身に含まれている反知性主義なのかもしれない。

困惑するリベラリズム

ところが、スコットランド自由教会に属しているのは、思想的にリベラルなインテリだったので、ムーディがあまり単純に聖書の無謬論をぶち上げすぎると、今度は彼らが困惑することになる。ムーディはもちろん聖書の高等批評などは理解しなかった。聖書を切り刻んでそのどこが真実でどこがそうでないかを論じることなど、彼にとってはあり得ないことである。聖書は全体として真実であるか、さもなければ丸ごと捨て去られねばならないか、そのどちらかでしかない。

当時のイギリス社会では、ダーウィンの進化論が大論争を引き起こしていた。ムーディは、進化論に代表されるような近代科学にまったく興味を示さなかったので、リバイバル集会に出席したある大学生は次のように述懐している。

ムーディ氏は近代科学の実験結果をすべて消し去らなければならない、と説いた。問うことは許されず、ただ彼の言うとおりに信じなければならない。さもないと、大学教授たちも危険思想の持ち主だと言われてしまう。文明は二千年ほど巻き戻されてしまうだろう。ムー

ディ氏は、ヨナと（ヨナを呑み込んだ）大魚をひと呑みにして見せ、われわれにも同じようにすべきだと迫るのである。(64)

もう一つ、これは学問上の余談になるが、ムーディの活躍は、近代宗教学の歴史にも深い影を落としている。宗教学の世界でロバートソン・スミス（一八四六—一八九四）の名を知らぬ者はいない。ロバートソン・スミスは、聖書を古代異教世界に共通のトーテミズムから理解したため、異端の烙印を押され、リベラルなはずのスコットランド自由教会の神学部から追放されてしまった。(65)その追放劇に加担したのが、ムーディの伝道を支持した人びとだったのである。

ムーディのような素朴な信仰は、原理主義に転化しやすい。そして、いったんそうなると、批判に対する寛容の余裕は一気に失われてしまい、学問的なアプローチそのものも疑問視されてしまう。後にムーディはかつての熱気をもう一度引き起こそうと、イギリス全土へのリバイバル伝道旅行を再企画したが、ロバートソン・スミスの異端裁判の余波で、以前の熱気はすっかり冷めてしまっており、企画は失敗に終わった。これ以降のイギリスでは、教養ある人びとがキリスト教への興味を失い、潮が引くように教会から知性が抜けていくことになる。ここはアメリカとの大きな違いである。

唯物論者エンゲルスの見解

この点で興味深いのは、カール・マルクスの盟友フリードリヒ・エンゲルスである。彼の『空想より科学へ』は、唯物論思想への入門書として、マルクスの『共産党宣言』や『資本論』よりもよく読まれた著書であるが、その英語版への序文に、何とこのムーディが登場する。

エンゲルスは、大陸各国を追放されてイギリスにわたり、マンチェスターで二〇年ほど父親の工場経営に携わりつつ、亡命者マルクスを経済的にも思想的にも援助していた。一八七〇年にロンドンへ移住しているが、そこで出会ったのが、ちょうどアメリカからやってきたムーディのリバイバリズムである。エンゲルスは、イギリス国民がこのような宗教に熱狂するさまを見て愕然とした。なぜなら、イギリスはベーコン以来の経験論哲学の伝統をもち、フランスよりはるかに進んだ唯物論をもっていたはずだからである。そこで彼は、宗教がイギリス史においてどのような役割を果たしてきたかを研究し、それを『空想より科学へ』の英語版序文にまとめたのである。(66)

エンゲルスの発展史観はきわめて単純で、宗教改革、イギリス名誉革命、フランス革命、という三つを封建制に対する戦いとして一直線に並べる。前二者は宗教的な外衣をまとっていたが、第三のフランス革命に及んで、ついに革命はこの不要な外衣を脱いだ。ところが、唯物論がフランス革命の信条となったのを見たイギリスのブルジョアは、その恐怖政治に震撼した。彼らにとり、宗教は国民大衆を手なずけておくのに有効な手段だったからである。

労働者階級から宗教が失われればどうなるか。彼らは、次々と要求を出してくるであろう。マルクスの言うとおり、宗教はあの世における幸福を夢見させることで、この世の苦しみや不正から目を逸らさせる効用をもつ。貧困と重労働にあえぐ庶民を宗教のアヘンで眠らせておくことは、支配者階級にとって不可欠の統治手段なのである。

そこでイギリスのブルジョアは、同時代の大陸人に嘲笑されることも顧みず、キリスト教伝道に年々数千万の金を使い、さらに自国の宗教機関だけでは足りずに、「宗教営業の最大の組織者であるブラザー・ジョナサン」つまりアメリカに援助を求めた。その求めに応じて輸入されたのがムーディだ、というのが彼の見立てである。だが、エンゲルスの見るところ、このようなブルジョアジーの企みは長続きしない。なぜなら、プロレタリアートがブルジョアジーに勝利するのは歴史の必然だからである。

もっともエンゲルスは、アメリカについてはどうやら少し勝手が違うようだ、と感じていた。なぜなら、アメリカという国には封建制が存在したことがなく、「社会がそもそもの初めからブルジョア的基礎の上に出発した」からである。そういう判断の文脈で、ムーディが引用されている。自分がそんな歴史的大人物に仕立て上げられていることを知ったなら、天国のムーディも共産主義について多少評価を改めるかもしれない。

2. 信仰とビジネスの融合

徹底した組織化

発展史観は脇に置くとしても、エンゲルスの分析には正しいところがある。ムーディのリバイバリズムは、まさに「産業」だったのである。一八七五年に彼がアメリカへ帰った時、人びとは彼を歓呼して迎え入れたが、それはちょうど鉄鋼産業を興したアンドリュー・カーネギーや、石油産業を興したジョン・ロックフェラーを迎えるのと同じ意味での歓迎だった。ムーディは、ホイットフィールドの伝記もフィニーのリバイバル論も読んだことがなかっただろう。だが、彼が用いたノウハウには、それまでのこうした蓄積が着実に生かされている。信仰とビジネスを結び合わせると相乗効果が大きいことを、彼は本能的に嗅ぎ取って実践していたのである。

変化は、まず新聞などの大衆メディアに現れた。フィニーの活動も宗教系の新聞には取り上げられていたが、ムーディになると、その動向を一般の世俗紙までが追いかけるようになった。かつてムーディを「野卑」と断じた「ニューヨーク・タイムス」紙は、ロンドンの大成功から帰った彼を「時代の世俗主義に抗する頼もしい勢力」と賞賛した。「ネーション」紙は、ムーディとサンキーが「昔ながらの信仰復興運動を近代的な手法でアップグレードした」と上手に言い当てたし、「ユニテリアン・レヴュー」紙は、彼らの「徹底した組織化戦略と明快なビジネス感覚」を褒めそやした。

ムーディ自身も、ホイットフィールドが始めたのと同じように、地方の地元メディアを最大限に活用した。自分が行く予定の地方には、牧師たちからの招待を受けるための先遣隊を送り込み、ポスターや新聞の広告を配り、集会が終わればその報告を掲載して、次の集会へと人びとを誘うよう依頼した。

既成教会の指導者たちも、さすがに彼のこうした大衆的人気を無視することはできない。アメリカでは、ムーディが牧師の資格をもっていないことや正規の教派所属がないことを気にかける人は、もはや誰もいなくなった。特定の教派色がついていないことは、むしろ利点に数えられるようになったのである。

ムーディらの伝道集会を迎えたい、という市当局の意向が固まると、まずその意向を伝えるために有力教会の牧師たちが連絡役となり、「受け入れ準備委員会」が組織される。この準備委員会での大議論は、映画「エルマー・ガントリー」の中でもハイライト・シーンの一つとなっている。極めつきは、ついに長老派神学の牙城であるプリンストン大学までもが、学長マコッシュと保守的神学者ホッジとの連名でムーディ大先生を招いたことである。ムーディの名声は、かくして最高級のお墨付きを得たことになる。

リバイバル集会の会場

リバイバル集会には、どんな会場が使われたのか。ムーディははじめ、一般の教会を会場に使うことをためらっていた。それは、特定教派に加担しているという印象を避けたかったからでもあり、彼の集会を引き受けられるほどの大きな教会がなかったからでもあった。その代わりに、ニューヨークでは大きな室内スケートリンクを改造して六千人収容の施設が用意されたし、フィラデルフィアではデパート王ワナメーカーが大規模店舗を建設するために購入してあった鉄道貨車の集積所が提供された。後年、ワナメーカーはムーディの集会を利用して自分の新しいデパートを宣伝した、と非難されたこともある。大規模商業資本と大規模リバイバリズムは、双生児のように仲がよい。ボストンやシカゴでも六千人規模の専用施設が作られた。

これらの集会所の建設費用は膨大で、ロンドンでは一四万ドル、シカゴでは七万ドル、フィラ

ブルックリンではスケートリンクを改造して集会所が作られた

デルフィアでは五万ドルがそのために集められた。法人からの献金もあったが、大口はむしろ個人からのもので、「ニューヨーク・タイムス」紙や「ボストン・イヴニング・トランスクリプト」紙などの新聞にも献金を求める広告が繰り返し掲載された。本集会が始まる前に、いわばプレミアム付きの予備集会を開き、そこに大口献金者たちを招待する、という手法も編み出された。本集会が終わった後には、会場で使われた椅子や床材などが競売にかけられた。ワシントンの「イヴニング・スター」紙では、ムーディ氏とサンキー氏が使用したタオルまでが競売にかけられ、五ドルで売れたことが報じられている。

　会場には、たいてい「今こそ救いの時」とか「神は愛なり」といった聖書の短い言葉が大きな横断幕になってかけられる。壇上には、ちょうど公立学校の卒業式のように、町の名士たちが並ぶ椅子が用意された。いわば、顔見せの名誉のために設けられたVIP席である。そこに座るのは、有力教会の牧師や役員、準備委員会の人びと、市長や助役などの政治家、それに資金を提供した大口献金者などである。もちろん新聞記者用の席もある。

「会場係」も一集会につき百人から二百人が選ばれたが、これは熱心な青年男性だけがなれる仕事である。こざっぱりとした髪型と服装で、赤や青のリボンをつけた彼らは、多くの応募者が出るほど憧れの奉仕職であった。その任務は、失神する婦人たちを介抱し、泣き出す子どもをあやし、ときに乱暴をはたらく者があれば礼儀正しく制止する、というものである。その訓練ぶりは徹底していて、フィラデルフィアでは、ワナメーカーが彼のデパートで雇われているすべての販売員にこの会場係として訓練を受けるよう命じたほどである。

資金と報酬

準備委員会には町の有力なビジネスマン信徒も加わり、それぞれが資金集め、家庭訪問、祈禱集会、広報部隊などを担当した。フィラデルフィアなどの大都市では、ポスターや新聞広告だけで四万ドルが集められた。一九世紀末の金額でこれらがどれだけ大きなものであったかは、ほとんど想像を超えている。伝統的な教会の牧師たちの中には、そこまで大々的な商業的宣伝をして礼拝に出席してもらうのは「はしたない」「みっともない」という意見もあった。そんな声に対するムーディの答えは明快である。「空っぽの会衆席に向かって説教することの方がよほど見苦しい。」[67]

会計報告も新聞紙上に公開された。伝道者たち自身の受ける報酬は人びとの興味を惹いたが、会計上は彼ら自身が受けたのは必要経費だけである。ただし、会計報告に載らないものもあった。各地での伝道集会が終わると、委員会の会計担当者が彼らに現金入りの封筒を手渡したらしい。その額は、本人たちも受け取るまで知らなかった。十分な暮らしができる額だったようだが、かといってそれで大きな財産を築いたわけでもなさそうである。ムーディが亡くなった時には、故郷のマサチューセッツに家と農場、それに五百ドルの現金が遺された程度である。現代の派手なテレビ伝道者たちとは、この点ではやや異なっている。

より大きな収入は、サンキーの讃美歌集の出版によるものであった。はじめイギリスで発行されたが、その部数はイギリス国内だけで五〇万を数えた。アメリカに帰ってからは、一八七五年を皮切りに、東部地方だけで百万部を売り、その後何度も版を重ねた。その印税収入がどれだけ彼らの活動を助けたか、はかりしれないほどである。

最初の一年ほどは、彼らもその印税を受け取っていたが、やがてそれはリバイバル集会の膨大な費用の補塡に使われるようになる。管理のための基金財団が作られ、その後は自分たちでは一銭も受け取らなかった。財団の報告によると、一八七五年からの一〇年間で三五万ドルの収入があり、それらはＹＭＣＡなどの団体に寄付された。八五年以降は、ムーディが建てた学校の運営資金ともなっている。

ビジネスとしてのリバイバルには、それだけの費用をかけてどれほどの「成果」が上がったか、という「費用対効果」の検証も不可欠になる。新聞は、回心者の数についてもよく報告した。ところが、これが各紙毎に大きく異なるのである。(68)

開催地	**期間**	**回心者数（最小）**	**回心者数（最大）**
エディンバラ	八週間	一五〇〇人	七〇〇〇人
グラスゴー	六週間	三二〇〇人	三五〇〇人

ロンドン	一二週間	三〇〇〇人	七〇〇〇人
フィラデルフィア	一〇週間	三五〇〇人	一万二〇〇〇人
ニューヨーク	一〇週間	三五〇〇人	八〇〇〇人
シカゴ	一六週間	二五〇〇人	一万人

話を膨らませたのがムーディ自身なのか、それともセンセーショナルな記事を好むメディアなのか、それはわからない。「回心」を遂げた人といっても、その意味はさまざまであり得る。その数が当地の各教会の会員増加に必ずしもつながらない、という悩みも、リバイバル運動には昔からつきものであった。数字が曖昧なことが明らかになった後は、報道のしかたも少し変わっている。たとえば「シカゴ・トリビューン」紙は、二千五百人が「回心」し、六千から八千人が「深く心を動かされた」と報じている。逆にムーディの支持者たちは、これらの数字がその場で起きた回心を記録するだけで、その後に起きたものを含まないことに不満を抱いていた。

巡回セールスの起源

こうした数字の曖昧さを克服するため、ムーディは「決心者カード」を使うようになる。これは、「わたしは今後クリスチャンとして生きることを真摯に希望します」という一言が印刷されたカードで、決心した人はそれに名前と連絡先を書いて出すだけである。このシステムは、ムーディ以降のリバイバリストたちにより、さらに洗練されたものになってゆく。

カードは集会ごとに集計され、地域毎にまとめられて集会に協力した教会に渡された。自分が行きたい教会や知っている教会、あるいは面会に来てもらいたい牧師の名前を記入する欄もある。牧師たちはそれをもとに、一人一人を訪ねて回ることができるのである。もしどこの教会にもつながりのない人がいれば、そういう人びとを専門にフォローする牧師が担当した。その結果、リバイバル集会の成否も、「約何千人」という大ざっぱな数字ではなく、一桁まで数えられる数字で計られるようになったのである。

実に効率のよいシステムである。これまで、巡回伝道は巡回セールスのようなものだ、と説明してきたが、歴史の順序から言えばこれは正しくない。むしろ逆で、巡回セールスとは巡回伝道をモデルにできあがったビジネス形態なのである。映画「エルマー・ガントリー」に出てくる主人公も、本来の仕事はセールスマンであったが、その手法は巡回伝道とまったく同じものだった。だが、人間の魂を扱う伝道が、はたしてそんな数字で評価されてよいものだろうか。リバイバリストたちが次第にその数字を競うようになったのも、当然の成り行きだった。カードのうち五%は架空の名前や住所だった、などという報告もある。「決心者カード」を記入したのも、ムーディが憂えたように、はじめてキリスト教に回心した人ではなく、ふだんから教会に行っている人がもう一度信仰を新たにした、という人が多く含まれる。これを「再献身」(reconsecration)という[69]。やがてカードにもそういう欄が登場して、チェックを入れた人を別に勘定するようになっていった。

カードの記入者が遠くの町からやってきた人の場合や、リバイバル運動を支持しなかった教会が希望先に挙げられている場合にも、フォローはされなかった。プロテスタント教会の名前だけが挙げられたわけでもない。人びとがつながりを希望する教会には、そもそもこうしたリバイバル運動を支持しないカトリック、ユニテリアン、ユダヤ教、クエーカー、スウェーデンボルグ派、クリスチャン・サイエンスなど、ありとあらゆる種類の集団が登場する。

長く反カトリック感情が強かったアメリカのことであるから、カトリック教会としては、自分たちは何の努力もしないのに、町にリバイバル集会がやってくると突然入会希望者が押し寄せて来ることは、まんざらでもなかっただろう。かといって、リバイバリストの方では、そういう結果を残念に思うふうでもなかった。これは、アメリカのキリスト教が神学や教理といった原理的な違いで切り分けられているわけではない、ということを示すもう一つの証拠である。多くのアメリカ人にとって、教会とは当時も今も、社会的な交流の場なのである。

3. 宗教の娯楽化

元祖パブリック・ビューイング

ムーディは、リバイバル集会がこうした社交的な出会いの場となっていることをよく認識していた。だから彼は、集会予告をあえて新聞の「娯楽欄」に載せるよう入念に指示したのである。実際にその集会は、娯楽的な要素を多分にもっていた。集会の途中で彼は、祈りを求める人からの手紙を披露したり、その場にいる人からの人生相談を受けたりした。たとえば、「町で一番の大酒飲みだった男が、救われることを願ってついに回心を遂げた」とか「不幸な境遇から身をもちくずした女性が、聖書に出会って更生した」などという内容である。

つまり、現代のわれわれがテレビのドラマを見るような感覚である。他人の人生をかいま見て、その劇的な回心と更生の物語に涙し、神に感謝を捧げる、という筋書きである。ふだんから教会に通っているような信徒も、こうして他人の人生ドラマを共有し、まるで劇を見に行った時のようなカタルシスを得る。

しかも、それを何千人という観衆と一緒に共有するのだから、これは最近日本でも流行りはじめた「パブリック・ビューイング」のようなものだろう。サッカーの試合は、自宅の居間でひとりで見るよりも、仲間と一緒に酒場で見た方がずっと盛り上がるものである。リバイバルは、この原理を最大限に活用した元祖「パブリック・ビューイング」人生相談である。

これらはすべて、巧妙な仕掛けとなってリバイバル集会の舞台を設定する。「劇」と言い、「舞台」と言ったが、それは別の意味でも当てはまる。つまり、そこで起きていることや報じられていることがすべて事実に基づいているのかどうか、誰にもわからないということである。劇的な効果を狙って、多少の演出が施されることも少なくなかっただろう。全体が「芝居」として演じられている可能性もある。

映画「エルマー・ガントリー」にも、そういうシーンが出てくる。ある出席者が、あたかも悪魔に取り憑かれたかのように振るまい、オオカミのようなうなり声を上げ始める。主人公のガントリーがその男性に向かって、いわば「悪魔払い」のような祈りをすると、激しい抵抗を示しながらその悪魔がやがて退散してゆく、という設定である。それが本当のことなのか、それとも「やらせ」なのか、映画は明らかにしていないが、上品な伝道方法を好む人にとっては明らかに下品で悪趣味である。もしガントリーがあらかじめ仕組んだことなら、それはリバイバリズムの悪しき娯楽化に他ならない。

それではサーカスと同じではないか。そう問われてガントリーは答える。「まさにその通り。」目的は宗教の復興であり、道徳の回復であり、社会の浄化である。人びとをそこへと駆り立てるには、しかめ面をした堅苦しい行事だけではなく、楽しみの要素も必要である。そうでなければ、教会に人は来ないからである。これが、今日も続くアメリカ的なキリスト教の活力の秘密である。ここは次章の冒頭でもう少し詳しく紹介したい。

一八七七年には、ムーディがボストンで語った言葉が新聞に掲載された。「人を神の許へ導くことさえできれば、それがどんな方法であろうとかまわない[70]」。もちろん、ムーディは後のビリー・サンデーのような乱暴なことはしなかった。しかし、ホフスタッターも言うように、アメリカの哲学としてしばしば言及されるプラグマティズムは、哲学として認知される以前に、まずリバイバリストの伝道方法として表現されていたのである[71]。

音楽家サンキーの魅力

大衆を楽しませる手段は、下品なドタバタ劇だけではない。音楽も魅力の一つである。サンキーの柔らかな歌声とオルガンはよく知られていたので、彼の指導を受けるために町の諸教会から多くの人が集まり、ときには千人にもなる混成の聖歌隊が組織された。彼らは、オルガンが最初の音を出しただけで、すぐさまその曲を歌えるよう訓練されたという。聖歌隊は三つのグループに分けられ、それぞれ朝や夜の別々の集会で音楽の奉仕をした。

サンキーの讃美歌集に収録されている曲の多くは、以前から日曜学校や聖書学級で歌われてきたもので、サンキー自身も何曲か作っている。リバイバル集会で使われた讃美歌集は販売もされていたので、一種の「お土産」のように扱われることもあった。

実のところ、サンキーは専門の音楽教育を受けたことは一度もなく、ムーディに会うまでプロの歌手として歌ったこともなかった。高い音域は苦手だし、発声法も素人で、音程さえ正確とは言えなかった。それでも、彼の甘いバリトンには人びとの心をくすぐる不思議な力があったという。集会では、彼がリードして会衆全体が歌う時もあれば、ソロで歌う時もあったが、会衆席が涙にむせぶのは、やはり彼が叙情たっぷりに泣かせるソロを歌う時である。「今宵わたしの愛する坊やはどこで眠るの」のように、切ない母の愛が道に行き暮れた息子を想う歌などである。回心を経た者がキリストの弟子として生涯を送る、という勇敢な曲もある。ムーディの集会がどこでも大成功を収めたのは、こうした大衆的な音楽の積極的な利用法によるところが大きい。

ムーディもそこをわきまえていて、「人びとはサンキーの歌声に魅せられてやってくる。そこをわたしが福音の網ですくい取るのだ」と語っている。[72] もっとも有効なのは、ムーディが話の最後に人びとを回心へといざない、救われたいと願う者を特別室へ導き入れる時である。サンキーは、頃合いを見計らってオルガンの音を出し、それを合図に聖歌隊が「イエスは優しくあなたを呼び給う」とか「ただ主を信じて委ねよ」などの讃美歌を歌って、通路を歩き始めた回心者たちを励ますのである。

秩序立った興奮

ムーディの伝道集会には、地獄の業火で脅しつけるような説教もなく、救いを求めて不安になった人びとが座らされる最前列の「求道者席」もなかった。「不安な求道者席」はフィニーの創案だが、社会的な地位の高い人びとは、そのような席に座らされることを好まなかった。ムーディはそれを見越して、彼らをより丁重に特別室へ導き入れ、親密に話せるように取り計らったのである。

それでも、彼らは自分の意志で席から立ち上がり、通路を歩いてそこへと入る決断をしなければならない。それは、彼らがそれまでの不信仰と不道徳の人生から立ち上がり、それに別れを告げて新たな道を歩み始める、という自分なりの決断を公的に表明する所作であった。これがムーディの戦略である。ムーディはそれを新しい時代の方法で行ったわけだが、個々人の決断という要素が植民地時代の信仰復興運動から重要な位置を占めてきたことは、すでに述べた通りである。こうした主体的決断を重んじる伝統が、アメリカの民主主義を底辺から支えている。

ムーディの集会は、大人数でもあくまでも整然としており、会社の株主総会のように礼儀正しかったという。ごく稀に、大声で「ハレルヤ」「アーメン」などと叫んだり、興奮のあまり失神したりする人もあったが、それが目立つようになると、ムーディ自身が興奮を鎮めるよう語りかけ、それでもだめな場合には、自分の話を中断して会衆に讃美歌を歌わせ、その間に当人を連れ出すよう指示した。

以前にフィニーがよく使ったのは「あなたはどこで永遠を過ごしますか」という殺し文句だった。つまり、永遠を地獄で過ごすのか、それとも天国で過ごすのか、と尋ねて、その決断は今しかできない、と迫るのである。ムーディも同じことを尋ねたが、もう少しもの柔らかだった。「友よ、あなたは主が用意してくださった天の住まいで、愛する妻や子と共に永遠を過ごしたくありませんか。」[73]

「天助」と「自助」の相即

フィニーは「陪審員に評決を迫る法律家」のように説教したが、ムーディは「商品を売るやり手のセールスマン」のように話した。そして、フランクリンの時代から次のサンデーにまで共通することだが、ムーディは信仰が富と成功を約束することを強調した。シカゴやニューヨークやロンドンのスラム街を知り尽くしている彼である。自分自身もそこから這い上がってきた「たたき上げ」だったので、彼は自信をもって言うことができた。「わたしも若い頃は貧しくて苦労した。だが、それは神がわたしを導くための方法だった。そのことをわたしは疑わない。その後ずっと神の国と神の義を追い求めてきたわたしは、今は十分な暮らしをすることできている。」壇上のＶＩＰ席に共に座っている名士たちにも、かつては同じように貧しかった頃があっただろう。ムーディにとっては、自分も彼らも、信仰が成功を約束することの生きた証拠なのである。信仰をもって誠実にこの世を生きている人を、神が祝福しないはずはない、というのが彼の論理であった。

「いや、金持ちの中には不信心な人もいるではないか」という反論が聞こえると、彼はすぐさま答えた。「そういう連中は、心の中に深い闇と抑えがたい不安を抱えていて、本当に幸せではないのだ。」[74] この指摘は、たいていその金持ちたち自身の心にも届いた。何せ、この時代の金持ちはみな新興階級で、自分の地位や成功に揺るぎない自信をもつまでには至っていなかったからである。ムーディは彼らの不安に巧みに取り入って、それを最大限に活用した。信仰は、いわば成功を担保する「霊的な保険」なのである。

成功したビジネスマンに向かっては、彼はこんなふうに語りかける。「この世のことにばかりかまけていると、やがてそれを失うことになる。そんな不幸があなたの身に起こる前に、保険をかけなさい。」これが、本書プロローグで説明したヴェーバーの「幸福の神義論」である。その確証としてムーディが示すのが、「まず神の国と神の義とを求めなさい。そうすれば、これらのものは、すべて添えて与えられるであろう。」(「マタイによる福音書」六章三三節)というイエスの言葉であった。

では逆に、「そう言われて回心したのに、ちっとも暮らし向きがよくならない」という不満には、どう答えたか。「世の中には、口先では信じていると言うが、心の中まで本当に信じていない人もいる。」つまり、問題はあなた自身にある、ということである。回心を遂げた後でも、人は何かしら後ろめたい秘やかな愉しみを捨てきれずにいることが少なくない。ムーディはそこを突くのである。それでも納得しない人には、「主は愛する者に試練を与え給う」とか、「われわれは自分の苦難の本当の意味を知らない」と諭した。他にも、「人生には苦あれば楽あり、山あれば谷ありで、最後になって総決算をしてみると、本当に神のなさることはすべてが相働きて善に至ることがわかるのだ」という言い方もある。こちらは、ヴェーバーの「苦難の神義論」で用いられる理論である。ムーディはもちろんそれらを本で学んだわけではないが、それを実地で体得し、巧みに応用した。

温和な反知性主義

それでも人生の波には、個人の努力ではどうにもならないことがある。たとえば経済不況である。しかしムーディは、その同じ状況の中でそれぞれの運不運を左右するのは、当人の罪だと考えていたようである。酒やたばこや不道徳な楽しみのために、人はどれだけの金をつぎ込んでいるか。それで失業したら、それは神の裁きの結果と考えるべきである。いずれにしても神は、自助努力をしない人を助けることはなく、怠惰な者には祝福を与えない、というのが彼の不動の確信だった。

ムーディが当時顕著になりつつあった労働問題に無理解だったとしても、それを責めるわけにはゆかないだろう。やがてグラッデンやラウシェンブッシュらの「社会福音」運動が興隆し、個人の魂の救いに先立つ社会の正義を問題にするようになるが、その担い手はまだいわゆるインテリ層に限定されていた。ムーディには、そうした社会の構造的な悪の問題を理解するだけの知的な準備もなかった。自分でもそのことを自覚していたため、彼は「資本家」「労働者」などという意味の分からない言葉を使わないようにしていた。

彼は、イギリスから伝わってきた進化論や聖書の高等批評にも興味を示さなかったが、さりとてそれに対抗して聖書の真理を強く主張するというわけでもなかった。ここは次世代のサンデーと違うところである。ともかく彼は、そういう難しいテーマとは正直に距離を置いていた。ある人がそれを歯がゆく思ったのか、面と向かって彼を問い詰めたことがある。


「聖書の中で矛盾する箇所についてどう思いますか。」

「わたしはそれをどうとも思わない。」

「それをどう理解するのですか。」

「理解しようとは思わない。」

「ではそれをどうやって説明するのですか。」

「説明しようとも思わない。」

「ではそれを信じないのですね。」

「いやもちろん信じるさ。」(75)


結局この押し問答は何も生み出さなかった。「のれんに腕押し」というか、ムーディにはそもそもそういう問題関心がなかったので、何を聞かれても答えようがなかったのだろう。これは反知性主義の表現としては、むしろ温和な部類である。次章に見るサンデーなら、ムーディと同じくらい無知でも、むき出しの闘志で知性派どもをやっつけようとしただろう。

宗教と現世の利益

ムーディは、反知性主義の翼に実利志向のビジネス精神という強力なエンジンを備え付けた人物として記憶される。ホフスタッターの表現では、リバイバリズムが反知性主義の「種を植え付け」、ビジネス的な実用主義がそれを「最先端まで推し進めた」、ということになる。[76]アメリカの反知性主義に特徴的なのは、この宗教的な平等理念と経済的な実用主義との奇妙な結びつきである。

この両者を結びつけたのは、「天はみずから助くる者を助く」という信念であった。「たたき上げ」(self-made)の思想は、「自助」(self-help)の思想である。目標に向かう強い意志の力を養い、倹約と勤勉と忍耐を続けた人だけが、成功するにふさわしい人格になる。そして、神もまたそのような真面目な努力に祝福を与えるのである。ここには、「敬虔が人格を創る」というプロテスタント的な道徳規範が明確に表現されている。そして、信仰は成功をもたらす。日本でもよく知られているフランクリンの言葉の通り、早寝早起きという徳が人を健康にし金持ちにするのである。

かつてトクヴィルは、アメリカ的な宗教の特色として、宗教と現世的な利益との直接的な結びつきを指摘した。[77]中世の聖職者たちは来世のことしか語らなかったのに、アメリカの説教者はいつも信仰が現世でどのような益をもたらすかを語る。アメリカ人は、利益に引かれて宗教に従うが、その利益を来世ではなく徹底して現世に求めるのである。そこに、反知性主義の息づく空間が広がっている。

第七章 「ハーバード主義」をぶっとばせ

1. 反知性主義の完成

戦闘的な反知性主義のヒーロー

「ハーバード主義・イェール主義・プリンストン主義」(Harvardism, Yalism, Princetonism)とは、二〇世紀初めの大衆伝道家ビリー・サンデーを題材に創られたシンクレア・ルイス原作の映画「エルマー・ガントリー」に登場する言葉である。極貧の生まれから大リーグ野球選手となって名を馳せ、やがて福音伝道者へと転身したサンデーは、学校教育をほとんど受けておらず、聖書や神学の知識もない。その説教は壇上を走り椅子を振り回す型破りのスタイルで、単純ながら強いアピール力があった。そのサンデーを模した映画の主人公のガントリーは、伝道集会をまるで地方回りのサーカスのように仕立て上げ、野卑なアトラクションで人を呼び込む。そういう手法を仲間に批判されると、開き直って次のように語るのである。

そうさ、あんたは五ドルもする百科事典で、おれは二セントのタブロイド紙だ。お高くとまった連中は、そういうのが好みかもしれん。だが、ハーバード主義・イェール主義・プリンストン主義にはうんざりだ。おれは神学も生物学も知らないし、学問は何ひとつ知らない。だがな、大衆は誰も百科事典なんか買わない。タブロイド紙を喜んで買うんだよ。おれがその大衆だ。(78)

すさまじい自信と戦意に満ちたサンデーの姿をよく写し取った言葉である。エドワーズやホイットフィールドを萌芽期、フィニーやムーディを発展期とすれば、リバイバリズムはサンデーにおいて完成期に達したということができる。アメリカの反知性主義も、同じく彼において一つの完成形態に到達する。彼以降のリバイバリズムや反知性主義は、いわばこの原型をパターンとして応用しているにすぎない。ビリー・グラハムの大衆伝道しかり、ジョゼフ・マッカーシー上院議員の共産主義者狩りもまたしかりである。信仰復興運動も、第三次まではその波が明確に数えられるが、第四次以降は史家によって数え方がまちまちで拡散している。

反知性主義に限らず、大きな思潮のうねりには必ずそれを体現するヒーローがいる。ヒーローとは、社会に内在する批判の圧力を敏感に感じ取り、それを表現させるきっかけを作ってくれる存在である。人びとはそれを待っており、その機会を捉えて日頃のうっぷんを大いに発散させるのである。二〇世紀の反知性主義のヒーローは、何といってもこのビリー・サンデーであった。

サンデーの生い立ち

ビリー・サンデー（一八六二－一九三五）は、アイオワ州の貧しい開拓農家に生まれた。もともとドイツ系の移民で、祖父の代に「ゾンターク」（日曜日）という姓を英語の「サンデー」に変えている。父は生活に困ったあげく、月給一三ドルという固定給を目当てに南北戦争に志願し、何とサンデーが生まれたひと月後に戦地で病死してしまった。行く当てもなく寡婦となった母は、三人の子を連れて二〇歳も年上の男と再婚したが、これがまた酒浸りのろくでなしで、結局妻と五人に増えた子を置いて家を出てしまう。いよいよ困窮した母は、ビリーとその兄を近くの孤児院に預けることとなった[79]。

ビリー・サンデー「旧弊を断て、さもなくば地獄に落ちろ」（1908 年）

孤児院での生活は、必ずしも居心地の悪いものではなかったようである。何せそれまでが最悪だったし、院長夫妻は厳格な父と優しい母というヴィクトリア朝の典型的な役割分担で、ビリーの憧れていた一般的な家庭のあり方をかいま見せてくれた。孤児院から成長していった仲間には、成功して名をなした人もある。後年彼はこの時代を振り返って、院長夫妻に暖かい感謝の言葉を記している。

孤児院はキリスト教の精神で運営されており、祈りの時間や聖書の暗唱などが日課になっていた。後にリバイバリストになった彼が、時と必要に応じていつでも機関銃のように聖書の言葉を引用してみせることができたのは、幼い頃にそれを心に刻み込んでいたからだろう。

孤児院は一六歳までの施設だったので、兄が一六歳になると出なければならなくなった。かといって母は三度目の再婚をしたばかりで、彼らを受け入れる余裕はない。母の再々婚については、「性懲りもなく」と言いたくもなるが、当時のことである。何の手職も取り柄もない寡婦が生きてゆくには、再婚する以外の選択肢は限られていた。そこで、兄と二歳下のビリーは母方の祖父のもとで暮らすようになった。やがてビリーは近くの町で雑役の仕事を見つけ、卒業こそできなかったが一時は高校に通うこともできたようである。

サンデーの生家。有名になった後に撮られたもので、かなり傷んでいる

大リーグ選手へ

ところが、ここで彼の運命が大きく開かれることになる。馬の世話をするビリーが走ると、その駆け足がとんでもなく早い、という評判が立ったのである。折しも、町の消防団が田舎の運動会で何とかして隣町の消防団に勝とうと画策していた。ビリーは、消防活動のためでなく、ただ

その対抗試合に勝つために、消防団員に採用されたのである。消防団そのものは無給のボランティアだが、そのために彼はより大きな町に移り、名を知られて信頼されるようになった。そのおかげで、家具セールスなどの仕事にありつくこともできた。

時代の幸運もまた彼に微笑んだ。それはまさに、アメリカがベースボールという遊びをプロスポーツへと成長させようとしていた時代だった。ビリーの消防団があったマーシャルタウンという町は、野球の歴史に詳しい人なら誰でも知っている「キャップ」アンソンの生まれ故郷である。アンソンは、やがてシカゴのホワイトストッキングス（現シカゴ・カブス）で活躍することになる大リーガーだが、そのアンソンが消防団の対抗試合で活躍するビリーを見て、「シカゴでプレーしてみないか」と声をかけてきたのである。

こうして一八八三年の春、二〇歳のビリーはアイオワの田舎町を後にし、シカゴという大都会へ旅立った。その後半世紀にわたり、彼ははじめ大リーグの野球選手として、後にはキリスト教伝道者として、全米に知られる存在となる。

野球のプロスポーツ化

シカゴは、都市化してゆく当時のアメリカを象徴する町である。一八七〇年に三〇万人だった人口は、ムーディの章でも触れた七一年の大火の後、わずか二〇年で百万人へと大膨張する。アイオワの田園風景しか見たことのないビリーにとって、シカゴは途方もなく巨大な都市に見えたことだろう。ホワイトストッキングスの球団本部は、今もスポーツ用品会社として名を馳せる

「スポルディング」社に置かれていた。

野球というアメリカ的なスポーツも、シカゴを拠点として大きく発展することになる。野球の歴史がいつどこで始まったかについては、イギリス発祥説やインド発祥説などいろいろあるが、アメリカではニューヨーク州で一九世紀半ばに流行し始めたことが確認されている。中西部でも、一八七〇年頃には野球がゲームとして楽しまれた記録が残っている。最初の全米リーグができたのは七一年だが、これは組織も未熟で選手も観客も乱痴気騒ぎだったので、早々につぶれてしまった。

これをビジネスとして再興させ、ボストンからスポルディングを、フィラデルフィアからアンソンをそれぞれ引き抜いてホワイトストッキングス球団を立て直したのが、シカゴの実業家ハルバートである。彼は、「ナショナル・リーグ」を立ち上げ、大都市がそれぞれ一つだけ球団を抱えることができるように設計し、プロスポーツとしての野球の全米的な組織と体裁を整えていった。

古めかしいプロテスタント倫理に縛られた人びとからすると、野球を職業とし、遊び事で報酬をもらうという観念は、容易には受け入れ難い。初期の試合が飲酒や賭博で大荒れになったことも、世評を悪くした。そこでハルバートは、礼拝のための聖日である日曜日に試合をすることを禁じ、球場でアルコールを売ったり賭博をしたりすることを禁じた。その上で最低五〇セントという入場料を設定し、一定以上の収入があるファンだけが観戦に来られるように仕向けたのである。こうした努力が実り、野球の社会的なステータスは次第に向上してゆく。それにつれて、選手の給料も上がり、高額選手の獲得合戦も繰り広げられるようになった。要するに、野球はビジネスになったのである。

サンデーは、けっして最高の選手というわけではなかった。シカゴでプレーした最初の年は、一四試合に出場して二割四分一厘の打率。その後一八八七年までホワイトストッキングスに所属したが、最後の年がいちばんよくて、五〇試合に出場して打率は二割九分一厘だった。ただ彼は、出塁すれば俊足を生かして果敢に盗塁するし、野手としてもまずまずの出来だった。後年の自慢話に、「自分は一四秒でベースを一周できた」と豪語したものである。

当時すでにアンソンは選手兼監督となっていたが、彼がサンデーを重用したのは、どうやら彼の野球以外の能力を見出してのことだったらしい。その能力というのは、何とも意外なことに、彼のビジネス的な実務能力だったという。サンデーは、選手であると同時に、チーム運営の全般を任されており、ホテルの支払い、鉄道切符の予約や購入、果ては金に困った選手の給料前借りまでの雑務をそつなくこなした。そういう種類の仕事をはじめて経験したにもかかわらず、彼は一ドルの間違いもなくそれをやりおおせたことを誇らしげに語っている。このエピソードは、彼の誠実な人柄や事務能力の高さを示すものだが、リバイバリストとして成功するサンデーの姿をすでにうっすらと浮かび上がらせている。

二つの出会い

シカゴはまた、ムーディの章でも触れたように、日曜学校やＹＭＣＡや救世軍のようなキリス

サンデーの妻ヘレン・トンプソン・サンデー。「あなたの終生の友で母」という自筆がある

ト教活動が盛んな都市であった。都市化は大量の移民労働者を引き寄せるが、貧窮した彼らにとって、既存の教会はとても敷居が高くて入れない。そういう彼らには、教会という枠を飛び出して人びとに手を差し伸べるこれらの非教会的なキリスト教活動が手頃で近づきやすかった。

一八八六年のある日、チームメイトと酒を飲んだ後、道端に涼んでいたサンデーは、小さな楽団を乗せた伝道馬車から流れてくるゴスペルソングを耳にする。それは昔ながらの讃美歌で、優しかった母と過ごした家庭の断片的な思い出を彼の心のうちに蘇らせた。その音楽に惹かれて話を聞きに行くと、「ギャンブルと偽金作りで破天荒な人生を送ったが、信仰を得てみごとに更生した」という人が回心体験を語っていた。無条件の神の愛という単純なメッセージは、似たような不道徳の人生に浸りきっていたサンデーの心に深く突き刺さったようである。

やがて彼は、町の長老派教会に通うようになる。そこでもう一つの運命的な出会いがあった。後に妻となるヘレン・トンプソンである。ヘレンの父はシカゴの乳製品ビジネスのオーナーで、このカップルは社会階層からすれば明らかに不釣り合いである。ヘレン自身も、当時は別の裕福な青年と交際していた。しかし、サンデーは持ち前の誠実さと熱心さでこれらのハンディを乗り越え、ヘレンの愛と家族の祝福を勝ち取ることができた。以後彼は生涯にわたってこのヘレンに誠実であり続ける。彼は妻を「ネル」とか「ママ」とか呼んだ。ヘレンとその家族は、幼い頃にろくな家族関係をもつことができなかったサンデーにとり、心から信頼できる代理家族となったのである。

妻に釣り合う人間となるために

とはいえ、サンデーが気にしていたのは、貧しく低い出自だけではない。何よりも彼は、信仰と道徳において、自分が妻に釣り合うだけの人間にならねばならない、という強い義務感を抱いていた。後のリバイバル説教で飲酒や不道徳を攻撃するサンデーの言葉を聞いていると、もしかしたら彼は過去の自分自身を糾弾しているのではないか、と思えてくる。それだけに、彼の言葉は容赦なく激越だった。

そして、そのような強烈な道徳心とまじめな信仰生活のあり方が、当時プロスポーツとしての地歩を固めつつあった野球界の要請とぴったり一致していたのである。野球がビジネスとして成功するためには、社会的に受け入れられる善良な大衆イメージがなければならない。飲んだくれの荒くれ選手どもが暴力沙汰を起こすようなゲームではなく、家族揃って安心して観戦できるようなジェントルマンのスポーツでなければならない。そして、選手たちは子どもたちの憧れるヒーローで、道徳的にも模範的な人物でなければならない。そうでなければ、興業収入はあがらず、したがってよい選手を獲得することもできず、よいチームが編成できなければ、結局は勝つこともできないからである。球団幹部は、たとえ優れた能力をもった選手であっても、道徳的に疑問符のつく者を抱えておくことができずに放出することすらあった。

サンデーは、このようなプロスポーツの担い手としては最適の人材であった。髪型も身繕いもこざっぱりしていて、いかにも端正で生まじめな青年というイメージである。身なりや外見ばかりでない。この好青年はきちんとした信仰をもっており、聖書をよく引用する。新聞などのメディアは、彼がしばしば教会やYMCAに呼ばれて話をしたりすることを盛んに取り上げたし、球団幹部もそれを宣伝材料に利用した。そのかいもあって、サンデーは打率でも出塁でもさほど目を見張るような成績でなかったにもかかわらず、八八年にはピッツバーグへ、さらに九〇年にはフィラデルフィアへ移籍した。彼の年俸もそれに比してうなぎのぼりに上昇し、最後は月給五百ドルに迫るほどであった。

伝道者への転身

ところが、そのサンデーは、九一年にきっぱりと野球界から身を引いてしまう。当時彼は、フィラデルフィアの球団と三年契約を結んだばかりだったし、ヘレンとの間に最初の娘も生まれていた。そんな彼が野球の代わりに選んだのは、何と月給八三ドルのシカゴYMCAでの仕事である。大きな減収となる転身に、ずいぶん彼も悩んだことだろう。その彼の背中を押したのは、やはりヘレンだった。何せ深くヘレンを愛していた彼のことである。彼のすべての努力は、彼女にふさわしい人間になることだったのだから、その彼女が「何の心配も要らないわ。神があなたを求めているのだから、それに従いなさい」と断言してくれたことで、彼にもふんぎりがついた。

まことに立派な「妻の鑑」と評すべき態度である。

といっても、伝道者としての生涯は、それで順調な滑り出しができたわけではない。自分では神の召命に従う決断だったし、そもそも栄達や大金を求めての転身ではなかったので、苦労もある程度は覚悟の上だったろう。だがそれでも、最初の数年はその神の召命も疑わしく思えるほどに不遇だった。折しもの不況で、彼は年に千ドルの給料を手にするのがやっとだった。そんな彼をみかねて、フィラデルフィアのチームは野球に戻ってくるようにと高額のオファーをしている。サンデーの心も、少なからず揺らいだはずである。

だが同時に彼は、野球選手としての自分のキャリアが、当座は輝いて見えたとしても、早晩行き詰まりになってしまうことを見抜いていた。プロ選手としての彼の成績を見れば、それもうなずける。何とか伝道者として踏みとどまった彼は、この時代の貧しさを家族とともに耐えて過ごす。後年成功した彼が高額の収入を得て贅沢な暮らしをしていることを非難されると、きまってこの時代の苦労話を誇らしげに持ち出したものである。

やがて彼は、別の伝道者の助手を務めるかたわら、自分でも地方都市から集会の依頼を受けるようになった。彼が回るのは、中西部

ピッツバーグに移籍した直後のサンデー

の数千人といった規模の小都市である。まだ地方都市には電灯が普及していなかったため、教会やオペラハウスやテントを借りて行われた集会では、ほの暗い黄色のケロシン（灯油）ランプが使われ、その臭いが充満していた。それでこの時代のリバイバル集会を「ケロシン伝道」という。

牧師資格の取得

反知性主義のヒーローたちに共通することだが、サンデーには学歴がまったくない。神学校で勉強したことはなく、大学はおろか高校すら出ていない。そんな彼が、どうやって聖書の言葉を語る伝道者になれたのだろうか。元大リーガーとしての名声があったとしても、それで知識の欠けを補えるものではない。伝道を始めたはよいが、その後も彼は長い間いわば無資格で、「無免許運転」の状態であった。

ヘレンとの結婚後、彼はそのまま彼女との出会いの場であるシカゴの長老派教会に籍をおくようになったが、その長老派教会が彼に「伝道者」としての資格を認定したのは、ようやく七年後のことである。正式な「牧師」資格の認定には、それからさらに五年を待たねばならなかった。それにしても、長老派といえばインテリ教会の代表格で、牧師になるための資格試験もある。いったいサンデーは、どうやってその試験を切り抜けたのか。

牧師検定の口頭試問では、サンデーは神学や歴史についての質問に「それはわたしには難しすぎてわからない」「その問題はパスします」という答えを連発した。しまいには、検定委員の方が音を上げてしまい、こう切り出したという。「もう試験を打ち切りにしようではないか。彼は、ここに座っているわれわれ検定委員をみな足し合わせてもかなわないほど、多くの魂をキリストに導いたのだ。神が認めておられる伝道者を、われわれが落第させるわけにはゆくまい。」こうしてサンデーは、めでたく牧師としての資格を得ることになった。

本書をここまでお読みの方にはもう説明の必要もないが、そもそもキリスト教の伝道者となるためには、牧師の資格は不要である。どこかの教会で正規の伝道者と認定してもらう必要もない。いや、そんな資格だの肩書きだのがあっても伝道には何の役にも立たず、かえって邪魔になるだけだ。神の言葉を宣べ伝えるのに必要なのは、地上の権威ではなく神ご自身の承認である、というのがその根本的な確信の在り処なのである。

贅沢なスーツを着てポーズをとるサンデー

サンデーとしても、牧師の資格がなかったからといって、特に仕事上の差し障りがあったわけではないし、逆に牧師になったからといって、突然仕事がうまく好転するようになったわけでもない。人びとは相変わらず彼を「ビリー」と呼んだし、彼もそれで満足だった。あえて彼を「サンデー牧師殿」（The Reverend Mr. Sunday）などと呼ぶ人は誰もいなかった。では、なぜ彼はそもそもそんな要りもしない肩書きを取ったのか。

ここに彼の生涯の特徴である揺らぎが見える。

サンデーという人物は、外面は自信の塊であるかに見えて、内面は不安に苛まれ続けていた。彼は、教育のなさや出自の低さを自分でも公言してはばからず、笑いの種にしてもいたが、それでもそのことをいつまでも気にかけていた。だから彼は、余裕ができるようになると、服装に惜しみなく金をかけた。自分をひとかどの人物に見せてくれる外見がほしかったのである。ぱりっとした高価なスーツを身にまとい、贅沢な趣味をひけらかす彼は、キリスト教の伝道者というよりは、ウォール街の株取引で大儲けをしたビジネスマンのように見えた。こうした「しゃれ者ビリー」の写真は何枚も残されているが、いずれも自信に満ちた態度をことさらに強調している。それは自分自身に対する秘かな疑念を押し殺す方法でもあったのだろう。

2. 知性の平等な国アメリカ

トクヴィルの驚き

実は、これはこの時代のアメリカを生きた多くの有名人に共通の特徴である。少し歴史を振り返って、そのことを見ておこう。ここに、アメリカの反知性主義をつき動かす力の源泉が隠されているからである。

南北戦争前のアメリカを訪れたフランス人トクヴィルの観察によると、この国にはとんでもなく無学な者も少ないが、逆にとんでもなく高学歴な者も少ない。西部の開拓地では教育すらままならないはずだが、ある夜そのような開拓者の家に泊めてもらったトクヴィルは、仰天させられることになる。何とそのアメリカ人は、シェイクスピアの『ヘンリー五世』を読んでおり、都会に住む人と同じように洗練された英語を話し、粗末なテーブルの上で同時代の国際政治を縦横無尽に論じて彼の意見を尋ねたからである。(80)

つまり、アメリカは富についても限りなく平等に近いが、知識についても平等な国なのである。初等教育は誰もが受けられるが、高等教育にはほとんどの人の手が届かない。トクヴィルがここで注目しているのは、単に高等教育を受けた知的エリートが存在しない、ということではない。それを代々世襲で受け継いでゆく「知的特権階級」が存在しない、ということである。これがアメリカを旧世界から分かつところである。ヨーロッパには昔からの貴族の伝統があり、財産においても知性においても、代々受け継がれる特権階級が存在する。このような貴族階級が存在しないアメリカは、フランス人トクヴィルの目にはまことに新鮮に映った。

反知性主義の原点にあるのは、この徹底した平等主義である。本書の冒頭で説明したように、反知性主義は、知性そのものに対する反感ではない。知性が世襲的な特権階級だけの独占的な所有物になることへの反感である。つまり、誰もが平等なスタート地点に立つことができればよい。世代を越えて特権が固定されることなく、新しい世代ごとに平等にチャンスが与えられればよいのである。

知性の前進を促す反知性主義

赤貧から身を起こして社会の階段を上りつめるという「アメリカン・ドリーム」は、このような背景から生まれたものである。親の世代からの世襲による蓄積なしに、誰もが常に新しく一から始めるというシステムからすれば、これは当然の結果だろう。

トクヴィルは、ある町で船員に会って話をするうちに、この無学な船員が哲理や体系などには何の関心ももたないのに、自分でも知らずに自分の行動を普遍的な観念に合致させて生きていることを知って驚愕している。フランス人トクヴィルにとって、それはデカルトの哲学が体現している知性だった。アメリカ人は、デカルトの哲学を読んだこともないのに、自分自身でそれを見いだして体得している、というのである。[81] 今日の目からすれば、このあたりはやや買いかぶりすぎに思える。だが、知性が平等に浸透し機能しているアメリカを見て、トクヴィルが大きな衝撃を受けたことは確かである。

トクヴィルは、デカルトの他にルターとヴォルテールを加えてさらに論じている。これら三人は、分野や信条がずいぶん異なるように見えるが、みな同じ方法で人類の蒙を啓いた人物である。その方法とは、伝統の支配を破り、大家の権威を覆し、公式を廃する、という方法である。彼らはその点でみな偉大な知の改革者であった。

ここで、「アメリカの学者」を論じたエマソンのことを思い出していただきたい。エマソンが同時代のアメリカ人に求めたのも、まさにこのことであった。世界を自分の目で見ること、伝統や慣習の知に縛られず、自分自身の心に感じたものを信ずること。エマソンはそれが不十分であることを憂えて同胞に呼びかけたのだが、それとほぼ同じ頃、トクヴィルは正反対の評価をしていたわけである。彼によると、ヨーロッパの優れた知性が歴史的に行ってきたことを、アメリカ人はこともなげに実地で行っている。それを可能にしているのは、「平等」という理念の力である。

平等は人間一人一人の心の中にすべてのものごとを自分で判断しようとする意欲を育てる。（中略）大家の言葉を盲信する気には決してならない。それどころか、大家の理論の弱点を絶えず探そうとしている。学問的伝統は彼らの上にほとんど力をもたない。(82)

知性の支配に対する反逆は、この平等という理念を原動力としていることがわかる。このような反知性主義は、単に知的なことがらや知的な人びとへの反発を意味しない。それは、大家のもつ旧来の知や権威への反逆であって、その反逆により新たな知の可能性を拓く力ともなる。反知性主義は、知性の発展にも重要な役割を果たすのである。

「たたき上げ」の可能な時代

同じことは、人間の能力一般に関しても言うことができる。人は誰でも無限に自己を完成へと高めることができる能力をもっている、という信念は、貴族主義的な人間観からは出てこない。各人には身分や職業や出生により守るべき「分」があり、それを越えて能力を開花させたりすることは不適切だし、望むべくもない、と考えるからである。だがアメリカでは、そんな生来の階級的な区別は存在しない。だからサンデーのように、貧しい無名の孤児院育ちでも、全米に名を馳せるスーパースターに成り上がることができるのである。

トクヴィルの観察からもう少し引用しておこう。アメリカでは、ほとんどの人が楽な暮らしをしているが、金持ちは少ない。つまり、ヨーロッパの貴族のように無為の暮らしをすることはできず、みな自分で働かねばならない。だから学問の初歩は学ぶが、仕事に就く年齢になるともう金儲けのことにしか関心をもたなくなってしまう。社会に出て実践的なビジネスで成功するには、さほど高度な知性は必要とされない。正規の学校教育や洗練された教養教育などは、むしろその障害となることもある。

一九世紀に大富豪となった鉄鋼王アンドリュー・カーネギーは、教養や知性をこんな言葉で軽蔑している。大学では、ギリシア語やラテン語のような「インディアンの言葉と同じように何の役にも立たない言語」を学んだり、ツキディデスの『ペロポネソス戦争史』のような「野蛮人同士の取るに足らない争いの詳細」を学んだりするが、みなまったくの浪費である。そんな教育は、学ぶ者に誤った観念を吹き込み、現実生活を嫌うことを教えるだけだから、大学など行かずさっさと実業界に出たほうがよい。

アメリカの反知性主義は、ここでもヨーロッパを秘かな対抗相手に見立てている。アメリカにとって、ヨーロッパとは過去のことであり、過去とは腐敗の堆積に他ならない。新世界アメリカは、ヨーロッパという過去を逃れ、その腐敗から脱してきて作られたのだから、過去の文化から学ぶものはないし、そんなものを学ぼうとする知的な精神は有害なだけなのである。純粋無垢の「始源に還れ」というピューリタン的なかけ声は、新世界を拓くアメリカ精神によく合致した。

事実それは、そのような「たたき上げ」が可能な時代だった、とも言える。フランクリンが科学的な実験を行ったのは、粗末な薪小屋だった。リンカンは丸太小屋から弁護士になり、フィニーは独学で大学の学長になることができた。そういう実例を見ていれば、高等教育はどうしても無益なものに映る。ほとんどの実業家や専門人は、正規の教育を受けることなく立身出世を遂げることができた。カーネギーだけではない。鉄道で財をなしたスタンフォードやヴァンダービルトも、この時代の恩恵にあずかった。

だが一九世紀も末になると、こうした「たたき上げ」の理想が徐々に時代遅れになってゆく。産業の規模が急速に拡大して、徒弟の手作業や職人の経験知だけでは間に合わなくなるからである。スタンフォードやヴァンダービルトのような人は、ちょうどその両方の時代を経験したために、自分自身は教育がなくても成功できたが、新しい時代には教育がないことで密かな劣等感を感ずるようになった。だから彼らは、手元にある大金を投じて大学を創ることに精を出したのである。大学をさんざんに揶揄していたカーネギーも、後にはみずから大学を創立し、多くの大学に図書館を寄贈している。

ヴァンダービルトは、生涯に一冊しか本を読んだことがなかったという。ちなみにその一冊とは、『天路歴程』というピューリタン物語なのだが、彼はある牧師にこう語っている。「先生、あなたとおなじくらいの教養人になれるなら、一〇〇万ドル払ってもいい。」[83] そして事実、彼はそれと同じだけの金額をヴァンダービルト大学の創立に支出することになる。たたき上げの可能だった時代に稼げるだけ稼いだ人でなければ、そんな財力はなかっただろうし、それでは間に合わない時代が到来したことを痛感しなければ、そんな大金を拠出する気にはならなかっただろう。
サンデーの内心にあった自信と不安の共存も、この時代に共通のものであることがわかる。

成功が成功を生む時代

サンデーが長老派教会の牧師に認定されたのは一九〇三年のことである。それまでに彼は十分伝道者として活躍していた。はじめ彼のリバイバル集会は、前世紀の伝統に則り、地域教会の牧師らの協力のもとにおずおずと進められた。世紀が変わるころになると、毎回張り直していたテントは、リバイバル集会のために特別に建てられた木製の集会所に取って代わられるようになる。それは、町全体が彼の活動にお墨付きを与えたことの表れともなった。床や通路には、地面を清潔に整える目的で鋸くず（ソーダスト）が撒かれたため、この時代のリバイバル集会は「ソーダスト伝道」と呼ばれるようになる。

もともと「鋸くず」は、木こりが森で迷わないよう道に撒いたものである。リバイバル集会で回心した人は、席を立ち、通路を通って前へ出てくることを求められる。つまり、「鋸くずを踏んで歩く」ということは、魂の本来の家へと帰るために正しい道へと歩み出す、ということを象徴する決断の行為なのである。

サンデーの活動の舞台は、はじめは彼の出身地であるアイオワ州の二五〇〇人以下の小都市だったが、数年後に一万人から二万人規模の町へ、そして一九一〇年以降になると全米の大都市へと移っていった。彼が主催した最大の集会は、一九一七年春のニューヨーク市で行われた一〇週間連続のものであった。当時ブロードウェイの集会所には、二万人の席があったという。

彼はこのような成功を臆面もなく喜び、数字の大きさを誇って恥じることがなかった。二〇世紀初頭のアメリカは、子どものように混じりけのない楽観主義の時代であり、目に見えるものの豊かさを誇ることに幸福を感じられる時代だった。このような時代には、成功が成功を生み、成長がさらなる成長を呼び寄せる。成功者であるサンデーのリバイバル集会には、カーネギーやロックフェラーといった大富豪が吸い寄せられるように出席し、それがさらなる社会的信用をもたらす、という好循環が生まれた。

一九一四年に「アメリカン・マガジン」が行った全米投票では、これらの大富豪と並んで、「アメリカ合衆国でもっとも偉大な人物」の第八位にサンデーがランクインしている。セオドア・ルーズヴェルトやウッドロウ・ウィルソンといった大統領も、サンデーへの敬意を示したし、彼の伝道集会の壇上には、上院議員らが顔を揃えるのが常であった。

ホワイトハウスでおどけるサンデー。隣はウィルソン大統領

アメリカン・ドリームの体現者

「ソーダスト」という言葉には、まことに高尚な精神的意味が含まれていたはずだが、そんなことにはおかまいなしに、サンデーはその「鋸くずの道を歩いた

人」つまり回心者が毎回の集会でどれだけ出たかを数字で計るようになった。リバイバル集会の「効果」を調べて数字で表すビジネス精神である。

それによると、彼の絶頂期ともいうべき一九〇六年から一八年までの一三年間に、サンデーは人口一〇万人以上の都市を全部で二三訪れているが、そこでは一日あたり五六七人が回心している。一回の説教あたりにすると、約三百人というところであろうか。人口一〇万人以下の都市では四一回の集会を開いているが、一日あたり一六一人の回心者を得ている。一〇週間続くラリーだと、ニューヨークが九万八二六四人、ボストンが六万四四八四人、シカゴが四万九一六五人、フィラデルフィアが四万一七二四人、という具合である。鋸くずのリバイバル集会は、まるで「回心工場」のように効率的であった。

当然のことながら、人数の多さは献金の多さに直結する。サンデーは、献金の時間が来るとこんな風に言って聴衆を脅すことすらあった。「言っておくがな、献金バケツにコインを落とす音を聞かせるんじゃないぞ。わたしが聞きたいのは、紙幣がバサリと落ちる音だ。」それでも彼は、自分のリバイバル集会では回心者一人につき約二ドルの経費しかかかっていない、と語っている。こういう計算をするということ自体が、伝統的なキリスト教の伝道者の頭には思い浮かばなかっただろう。たしかに、費用対効果からすると、この数字は町の教会の牧師がどんなに努力してもかなわないほど効率的である。

ただし、それは彼自身が受ける報酬を別に勘定した場合である。最初に伝道を始めた頃、彼の報酬は三三ドルにすぎなかったが、数年後には一五〇〇ドルを超え、世紀が変わるころには四千ドルに跳ね上がっていた。ある計算によると、サンデーの資産は一五〇万ドルとも見積もられた。もちろんその一部はYMCAや赤十字などの公的慈善活動に回されたが、「伝道で金儲けをしている」という批判を封じ込められるほどの額ではなかった。

サンデーは、リバイバルを人間の技術や努力によるものとしたフィニーをしばしば引用したが、その手法についてはむしろ「ビッグビジネス」から学んだ、と実業家たちとの集会で語っている。自分は説教者であるだけでなく、ビジネスマンでもある。伝道は、効率的なシステムで、ビジネスの原理を導入し、人間社会のごく常識的なセンスを生かして進められなければならない。一九一七年の「ニューヨーク・タイムス」紙によると、サンデー氏は「成功した販売会社が売り上げを追求するように、人びとの魂を追求する」と言われた。

かくして、赤貧のあばら屋に生まれ、田舎町の孤児院で育ち、教育もろくに受けたことのないビリー・サンデーは、大富豪と肩を並べて歩き、ホワイトハウスで大統領と食事を共にする人物となった。まさに一身一代の出世である。彼は、文字通り「アメリカン・ドリーム」の体現者となった。

成功神話に隠された心理

サンデーはこうした物質的成功を十分楽しんだに違いないが、それが彼の最終目的だったかと言われれば、そうではない。もしそうであったなら、彼は別の方法でさらに多くの収入を手にすることもできたはずである。その気になれば、彼は少なくとも一〇倍は稼ぐことができただろう。

このことは、彼を批判するもっとも冷淡な批評家も認めるところであった。しかし、それは彼の望むものではなかった。サンデーは、たしかに豪奢な生活ぶりを恥じなかったが、強欲に目が眩んだ人間ではなかった。彼が求めていたのは、物質的な成功そのものではなく、それが具体的なかたちで示してくれる世間の是認や神の祝福だったのである。

本書の冒頭で、レーガン大統領やピューリタンのウィンスロップに触れたが、ここでもその論理はまったく同じである。つまり彼は、世間的に成功することで、自分が大きく道を踏み外してはいない、ということを実感したいのである。「人びとがこんなに自分のことを評価してくれている。それは、自分が正しいことをしているからだ。神もまた、そういう自分を認めてくれている。」この確信を得たいのである。世俗的成功は、それ自体が目標なのではなく、自分の生き方の正しさを計るバロメーターとなった。彼にとって、信仰とはすなわち道徳的な正しさであり、世俗的な成功をもたらすものである。だから、もし自分が世俗的に成功しているならば、それは神の祝福を得ていることの徴なのである。

彼が長老派教会の牧師として正規に任職されることを求めたのも、ことさらに奢侈でおしゃれな服装を好んだのも、そして臆面もなく集会の人数や献金の多さを誇ったのも、みなこの同じ論理に基づいている。何ともわかりやすい感覚であるが、あまりに直接的で、何かしらもの悲しいところがある。

要するに、本人はいつまでも自信がなくて、不安に脅かされていて、何かにすがっていたいのである。神だったり、奥さんだったり、大衆だったり、金だったり、その相手はいろいろ変わるが、あくまでも自分が愛されていて認められていることを、手に取るように実感し続けていたいのである。心理学の用語で言う「承認要求」がこの上なく強い。はじめから自分を肯定できる人、はじめから愛されていて満たされている人なら、そこまでこだわることもなかっただろう。癒やしがたい空洞を内心に抱えているからこそ、外面ではどこまでも自分を膨らませてゆく。それがこの時代のアメリカの特徴であり、ビリー・サンデーという個性の特徴でもあった。サンデーは、まさに時代の子である。

3. アメリカ史を貫く成功の倫理

ショービジネス化する伝道集会

サンデーは、生まれながらの興業主であり、かつ同時にステージスターでもあった。彼の説教は十分に計算され尽くした言葉遣いで、スラングを多用し、刺激的な逸話ばかりで、わかりやすく、直接的で、しばしば下品である。

ちょうど録音装置が出回りはじめた時代で、彼の晩年の説教がいくつか残されている。それらを聞くと、とんでもない早口で、機関銃のように言葉を連発して、息もつかせないほどである。しまいには本人も息が切れるし、喉は嗄れるし、汗が噴き出てしたたり落ちる。壇上を駆け回り、椅子の上に立ち、拳を振り上げる仕草は、大リーガー時代を思い起こさせるが、それも計算ずくである。ホームベースを神の救いに見立ててそこへ滑り込んでみせたり、想像上の悪魔に向かっ

「アクロバット説教」と風刺されたサンデー（William T. Ellis, “Billy” Sunday: The Man and His Message: Philadelphia: John C. Winston Co., 1914, insert between pp. 148-149.）

て火の球を投げつけたり、神を「宇宙のアンパイア」と呼んで罪人に大声で「アウト」を宣告したり。とにかくやりたい放題の大騒ぎである。

説教壇の上でそんな活劇を見せるものだから、メディアは大喜びでそれを伝える。知性と品格のある牧師の説教を聞いてきた教養ある人びとにとり、これほど気に障る人物もなかっただろう。しかし、大衆はまるでテレビのドタバタ番組を見るように彼の説教を楽しんだ。まことに劇場型の説教で、見たり聞いたりして楽しく、誰にでもわかりやすい。

政教分離の副産物

実はここにも歴史的な背景がある。それは、政教分離の実質化である。アメリカは憲法文書に政教分離を明記した史上初の世俗国家であるが、その実態は複雑で、各州のレベルや生活実態としてはなかなか分離が進まなかった。連邦憲法をめぐる最高裁の判断が問題になるのは、二〇世紀もようやく半ばを過ぎてからのことである。その争点はいろいろだが、政教分離がいちばん具体的に見えるのはお金である。教会は、国民の税金によってまかなわれるのではなく、自分たちで集めた献金によって運営されねばならなくなった。

それぞれの宗教団体は、市民の自発的な参加と支援なくしては存続できない。だからどの教会も、市場原理による自由競争にさらされ、人を集められなければ解散という憂き目に遭うことになる。どんなに立派な説教を語っても、つまらなければ人は来ない。二〇世紀はじめの伝統的な教派では「毎日のようにどこかの教会が売りに出され、ガレージとなっている」という嘆きが聞かれたほどである。

教会は、いきおい大衆に迎合する路線を取らざるを得なくなった。フィニーは、人間の努力やテクニックでリバイバルの興奮を引き起こすことができると考えたし、ムーディは、「人を神のもとへ導くならどんな方法を使ってもよい」と徹底したプラグマティズムを通した。それでも彼らの伝道方法は、サンデーの過激さに比べたら、あくまでも礼儀正しくて正統的である。何せサンデーのショービジネスは、サーカスのアトラクションと区別できないほどなのだから。

教派同士や教会同士が競合するだけではない。日曜日には、そもそも教会に行くか、それともショッピングや映画に行くか、という選択もある。アメリカでは、さすがに日曜日の午前中にはこれらの選択肢は長いこと遠慮されていたが、それでも教会は他の多くのエンタテインメントと「お客」を取り合う、という事態を避けることができなくなった。教会は、楽しくなければならないのである。それも、一度だけの楽しみではなく、持続的に参加してその一部分を担いたいという気になるほどに、楽しくなければならないのである。

国教会制度が浸透し、教会が税金によって維持されてきたヨーロッパのキリスト教からすると、とてもあり得ない話だろう。それが、政教分離という制度に支えられたアメリカ的な「信教の自由」の結果なのである。逆に、アメリカのキリスト教が先進国の中で今日もなお例外的に活発であるのも、そこに理由の一端があるように思われる。

リバイバルと音楽

音楽もエンタテインメントの一部である。サンデー自身に音楽の素養はない。自分は「音符の黒い丸」と「馬の背にたかるハエ」を見分けることもできない、と言い放っていたくらいである。しかし、ムーディとサンキーのチームが大成功を収めて以来、音楽はリバイバル集会を盛り上げるのに不可欠の道具立てとなった。そこで歌われるのは、いくつかのおきまりの讃美歌である。

その一つは、「見よや十字架の旗高し」である。英語の原題は「クリスチャン兵士よ前進せよ」(Onward, Christian Soldiers) で、以下のような歌詞がついている（日本語歌詞は日本基督教団『讃美歌』三七九番による）。

見よや、十字架の　旗たかし
君なるイエスは　さきだてり
進め、つわもの、すすみゆき
おおしくあだに　たちむかえ
勇め、つわもの　いざいさめ

十字架の御旗　さきだてり

信仰者を兵士に喩え、あたかも戦闘へ赴くかのように、先立つキリストに従って雄々しく前進せよ、と歌うこの曲は、英語の原詞では特に好戦的である。サンデーの時代より少し後、第二次大戦開始直後のことだが、チャーチル首相とフランクリン・ルーズヴェルト大統領が戦争協力を締結した際に、船上礼拝で歌われたのがこの曲だった。チャーチルは、翌日のラジオ演説でそれが自分の選曲であったことを明らかにし、その歌詞の通りに戦争を遂行することを誓っている。あまりに好戦的な内容なので、現在の主流派諸教会ではこの讃美歌を廃止にしているところが多い。

映画「エルマー・ガントリー」では、主人公が飲酒と売春の罪を厳しく糾弾した後、興奮した市民たちがたいまつをかかげて行進し、酒場や売春宿を襲いにゆくシーンがある。その人びとが歌っているのがこの讃美歌である。ここで滅ぼされるべき「敵」は、飲酒の害や不道徳な性ということになる。もちろん、その先頭を切って歩くガントリー自身も、また彼を支持した町の人びとも、結局はこの手強い敵に絡め取られてスキャンダルにまみれてしまうことを、映画はよく描写しているのであるが。

リバイバル集会でよく歌われたもう一つの曲は、「リパブリック讃歌」である（日本語歌詞は著者訳による）。

わが眼は来るべき主の栄光を見た
主は怒りに満ちて酒ぶねの葡萄を踏み潰し
恐るべき力の剣なる必死の稲妻を解き放つ
主の真理は進み行く
栄光、栄光、ハレルヤ！
主の真理は進み行く

これも威勢のよい行進曲である。実は、この曲は日本の大手電機製品販売チェーン店のテーマソングに使われているので、多くの人が耳にしているはずである。日本の唱歌では「おたまじゃくしはかえるの子」あるいは「ごんべさんの赤ちゃんが風邪引いた」という無邪気な歌詞がつけられているが、原曲の由来は南北戦争や奴隷廃止運動にさかのぼる。北軍の兵士たちが歌っていた「ジョン・ブラウンの屍」という曲に、新しい歌詞をつけたのがこの愛国歌である。ちなみに、この曲も先述のチャーチル首相に好まれた。彼の葬儀に際しては、アメリカ由来の曲であるにもかかわらず、葬送曲に選ばれてセント・ポール大聖堂で歌われている。

ナショナリズムへの傾斜

サンデーの戦闘的な伝道には、危険な臭いもつきまとっている。二〇世紀初頭は、ナショナリズム興隆の時代でもあった。ナショナリズムは、自国を単なる知的な理念として捉えるだけでは生まれない。その理念が大衆の情動を広範に動員できるようになってはじめて、運動体としての力を得るのである。大衆をそのように動員するのは、素朴な宗教的熱情、郷里への愛着心、国土や同胞へのやや抽象的な共感、犠牲をいとわない献身、男性的な血とヒロイズムの論理などである。前述のような讃美歌も、大衆を感情的に動員するには非常に効果的な道具立ての一つとなった。

サンデーは、これらの要素を巧みに取り入れ、大衆運動としてのリバイバリズムを推進させていった。彼にとり、祖国アメリカへの忠誠心と神への忠誠心とは、二つでひとつのものである。一九一七年四月に連邦議会が第一次大戦への参戦を宣言すると、サンデーは二日後にニューヨークで大会を開いている。翌日の新聞には、「戦争と宗教とを混ぜ合わせたサンデー氏に四万人が喝采」と題する記事が掲載された。

サンデーは、大戦勃発後にニュージャージー州でもたれたあるリバイバル集会で、戦争の早期終結を祈るよう求められたことがある。ところが、彼はそれをきっぱりと断ってこう言った。

　自分は神のご計画を変更したりしようとは思わない。ドイツは、聖書の高等批評を広めたり、進化論という異端思想を広めたりして、真正な信仰を汚している。神は、連合軍によってドイツを罰しているかもしれないのだ。(84)

よく考えてみると、聖書批評学はたしかにドイツ由来かもしれないが、進化論は必ずしもドイツとは結びつかない。しかし、サンデーにとってそんな違いは些末事にすぎない。代わりに、ドイツと戦うフランスは、あたかもピューリタン・ニューイングランドのように清浄な理想国として賞賛されるようになる。要するに、彼は大衆が聞きたい言葉を語ったのである。

一九一九年の暮れに司法長官が左翼の過激主義者たちを次々に逮捕し国外退去させると、サンデーはこれを絶賛し、「もしこの国のやり方が気に入らないなら、出て行ってもらえ」と論評している。アメリカは「異議申し立てをする人間」に来てもらう国ではないのだ、とすごむ彼の晩年の言葉は、まさにそのような異議申し立てから始まったこの国の伝統を正面から否定するものとなっている。

この時期のリバイバル運動には、特に男性をターゲットとしたものがある。「男性と信仰よ前進せよ」(Men and Religion Forward) と名付けられた運動が盛んになり、『クリスチャン男性のための男らしい讃美歌集』(Manly Songs for Christian Men) などというものまで発行された。他にも、「ワイズメンズクラブ」や「ロータリークラブ」など、いずれも男性限定の社交集団が創設された。同じ頃に始まった「ギデオン協会」などは、今日でも男性しか正規メンバーになることのできないキリスト教伝道団体である。これらも実は政教分離の副産物なのだが、その説明については、また別の本を読んでいただくこととしたい。

反知性主義の変質

もう少し禍々しい現象としては、白人至上主義を掲げるクー・クラックス・クラン（ＫＫＫ）

の全国的な再興があげられる。KKKは一九世紀に発生した後いったん下火になったが、一九二〇年代には爆発的な会員増を遂げた。その背景には明らかに好戦的なナショナリズムがあるが、「アメリカ的な価値」を煽り立てて白人文化のそれと同一視しようとする人びとも無視できない。サンデーのリバイバル集会にも、KKKの一団がフードとガウンという例のいでたちで闖入することがあった。しかし、もっと不気味なのは、彼らが目立たない普通の背広姿で集会に紛れ込み、巧みにサンデーを支援して大衆を駆り立てる術をもっていたことである。[85]

何事も、頂点に達するとその後は下り坂である。全米にその名を馳せるようになり、大統領や大富豪と親しくなったサンデーも、同じ運命を辿った。もはや乱暴な仕草や下品な言葉のことで彼を批判する人はなくなったが、彼が権力やビッグビジネスのいいなりになっていることには、厳しい目が向けられるようになる。彼は本来、富や権力に対する民衆の反感を基盤としてのし上がったはずである。にもかかわらず、今や自分がその権力構造の内部へと取り込まれてしまった。大企業や政権の方では、大衆的なヒーローである彼を味方につけることで、ますます自分たちの権力を正当化し強化することができた。

一九一四年の知事選挙応援は、その一例である。コロラド州では、深刻な炭坑労働争議が起きていた。サンデーはそこへ招かれて何週間もリバイバル集会を行ったが、ちょうど禁酒法の是非を巡って国論が二分されていた頃で、サンデーはリバイバル集会でも当然のように禁酒法に賛成の候補を強く推薦した。その甲斐あってこの候補者が当選したのだが、後に明らかになったのは、この候補者がはじめから炭坑資本側に買収されて擁立されていた、という事実である。サンデーを招いたのも、同じ資本家たちだった。新知事は、就任後すぐさま炭鉱ストライキを非合法化し、大金を積んで州検事局のメンバーを一新した上で、炭鉱ストライキの首謀者たちを次々に刑務所へ送り込んだのである。サンデーは、労働争議そのものに直接かかわったわけではないが、選挙戦の争点を禁酒問題にすり替え、結果的に大資本家の思い通りの候補を知事の椅子に座らせたことになる(86)。

かくして、宗教と実利という二つの成分要素で成立したはずの反知性主義は、まさにその大衆的成功のゆえに、本来の反エリート主義的な性格を失ってゆく。きわめて皮肉な結末である。サンデー自身は、こうした成り行きをどこまで自覚していたのだろうか。

キリスト教の土着化

サンデーが伝えたいと願ったキリスト教のメッセージも、次第に変質していった。というよりも、アメリカ化していった。本書冒頭でも説明したが、キリスト教は、ちょうど仏教が日本に土着化して大きく変質したように、アメリカに土着化して大きく変質した。サンデーお得意の、大リーグ選手時代の話から例を挙げてみよう。

彼が回心した直後に迎えたシーズンのことである。ホワイトストッキングスは、デトロイトのチームとペナントを競り合っていたが、最後の決定戦で三対二とリードしていた。相手チームの攻撃は、九回裏ツーアウトで、二塁と三塁には走者がいたが、最後の打者が大きくセンター越えのヒットを放った。野手のビリーは、すぐさま後ろを向いて走り始め、こんな祈りを捧げたという。「ああ神さま、たいへんです。もしわたしをお助けくださるおつもりなら、今この瞬間にお願いします。ただし、そのご決心をしていただく時間はあんまりありません。」まあ、フライ球が宙を飛んでいる短い間のことだから、そんな内容の祈りを一瞬心の中で唱えた、ということだろう。球が飛んで行く先を見たら、観客が席から溢れてたむろしているところだったので、彼は「どけどけ！」と大声で叫んだ。すると、まるでモーセが杖を掲げて海を真っ二つに分けたように、人垣が左右に開いた。まさにボールが落ちてくるその瞬間に、彼が飛び上がりながら手を伸ばすと、球はぴたりとそこへ収まった。自分はそのまま倒れたが、グラブの中にしっかりと球を摑んでそれを高く掲げた、という話である。(87)

こんな話もある。ホワイトストッキングスがニューヨークのジャイアンツとリーグ優勝を争った一八八六年のことである。ある日サンデーが水曜日夜の祈禱集会に出かけようとすると、チームの仲間がおずおずと一緒に行きたいと言い出した。彼が心配そうに告白するには、「自分はもう何年も神に祈ったことはないが、今日はどうしても祈りたい。もしホワイトストッキングスが明日の試合に勝って、ジャイアンツが別の試合に負けたら、うちの優勝が決まる。二人で一緒に祈ったら、神は祈りを聞いてくれるだろうか。」サンデーは「あたりめえよ」と請け合い、翌日の試合で精一杯努力できるよう祈った。その結果、彼らは勝ち、ジャイアンツはダブルヘッダーの二ゲームとも負けた、というのである。「それは神の助けがあったからか」と尋ねられた彼は、「天国に行って神さまに違うと言われない限り、自分はそう信じる」と答えている。(88) こうした即物的な信仰理解は、ほとんどご利益信仰と踵を接している。

「自助」と「天助」との相即は、アメリカ的なキリスト教の特徴である。この論理は、本書の冒頭で紹介したように、一七世紀のピューリタン指導者ウィンスロップの時代から、フランクリンが『貧しいリチャードの暦』にまとめたような格言を経て、レーガン大統領の自己慶賀的な退任演説に至るまで、アメリカ史を一貫して流れている。その点では、高邁な理想を掲げたウィンスロップの説教も、三百年後の卑俗なサンデーの説教も、本質的にはさほど変わっていない、と言うべきかもしれない。

素朴な道徳主義

ビリー・サンデーは、進化論については何の躊躇も持ち合わせなかった。それは聖書に書かれた真理とは相容れず、聖書と進化論を調和させる理論など存在するはずもない、というのが彼の持論である。一九一一年のある集会でサンデーは、同席したリベラルな伝道者から「進化論者にもう少し寛容であってもよいのに」とやんわり諭された。すると翌日彼は、大観衆の見ている前で、演台の上に並んだそのリベラルな伝道者のところへつかつかと歩み寄り、顔の前に拳を振りかざしてこう怒鳴った。「いまいましい進化論者め、さあここを立て。巷の無神論者と不道徳な売春婦買いの男どもと一緒に、地獄へ落ちてしまえ！」(89) 進化論を肯定することは、買春と同じ罰に値する悪なのである。

あまりに科学や学問を敵視する発言が繰り返されたため、プリンストン大学はキャンパスでサンデーが説教することを許可しなかった。しかし、プリンストンはむしろ例外で、他のアイヴィーリーグ大学はみな喜んで彼のメッセージを聞くためにキャンパスを提供している。一九一二年には、何とサンデーに名誉神学博士の称号を与える大学まで現れた。

それほどに彼が受け入れられたのは、彼の素朴な道徳主義のゆえである。サンデーのプロとしてのキャリアは、品行方正な野球選手として始まった。野球というスポーツは、民主主義やチームワーク、フェアプレイの精神といったアメリカ的な倫理価値を高めるものと見なされていた。それはまた、人格形成、自己犠牲、規律と服従、名誉と向上心など、キリスト教の掲げる理想的な人間像にもよく合致する。他のスポーツでは、これらすべてがうまく揃うということはなかっただろう。テニスは上品すぎるし、ゴルフは個人競技だし、フットボールは一部のエリート大学生のものだし、バスケットボールはまだ始まっていなかった。

サンデーという人間のアピール力は、まずはこのようなわかりやすい道徳主義にある。彼にとって、信仰と道徳とはほとんど同義語だった。そしてこれが、本書で通観してきたように、アメリカ的なキリスト教の本流なのである。

矛盾に満ちた晩年

しかし、そこにはおのずと矛盾も忍び寄る。サンデー自身も、自分の生涯に絡みついてくる矛盾を払いのけることができなかったようである。晩年の彼は、家庭的にも悩みを抱えていた。あれほど家族の愛を渇望していたはずのサンデーなのに、自分自身は多忙すぎて子どもたちと十分に接する時間もなく、甘やかされた息子たちは彼が口をきわめて非難し続けた不品行に堕ちていった。ヘレンは、心身ともにすり減ってゆく夫を支える一方で、息子たちのスキャンダルが表沙汰になるのを必死で押しとどめなければならなかった。その努力にもかかわらず、三人の息子のうち一人は自殺し、残る二人も不始末が続いた。それに追い打ちをかけるように、最愛の一人娘は難病のため四二歳で亡くなってしまう。第一次大戦が終わると、好戦的なサンデーの出番も少なくなり、人びとの関心は次第に彼から遠のいていった。

名うての禁酒主義者だった彼は、それでも最後まで飲酒の害を訴え続けた。彼の「禁酒説教」(booze sermon)の録音がいくつか残っている。酒は人間を不幸にし、犯罪の引き金となり、無駄金の流し先となり、国家財政を破綻させる。だから彼は、神のため、家庭のため、妻と子のため、国のため、酒に対して永遠の戦いを挑むのである。

ネル、おれが死んだら、肉屋を呼んでおれの皮をはぎ、それで太鼓を作ってくれ。その太鼓をたたいて通りを歩き回り、「夫のビリーはまだ生きています。こうしてウィスキー・ギャングどもを蹴散らしています」と叫んでくれ。(90)

こうして彼は、愛する子どもたちに囲まれて幸せに暮らす天国の理想的な家庭を夢見ながら、一九三五年に息を引き取った。

エピローグ

「反知性主義」を手がかりにアメリカの歴史を辿ってきたが、最後にこの言葉のもつ意味の広がりをもう一度順番に整理しておこう。

知性とは何か

まず、知性とは何か。「知性」（intellect）は「知能」（intelligence）とどう違うか。ホフスタッターもこの二つを区別していろいろと説明しているが、いちばんわかりやすいのは、二つの言葉の使い道を見てみることである。「インテリジェント」なのは、人間とは限らない。「インテリジェントな動物」はいるし、「インテリジェントな機械」はある。しかし、「インテレクチュアルな動物や機械は存在しない。「知能的な動物」はいるが、「知性的な動物」はいないのである。つまり、「知性」は人間だけがもつ能力である。

この歴然たる用語法の違いは、何を指し示すか。「知性」とは、単に何かを理解したり分析したりする能力ではなくて、それを自分に適用する「ふりかえり」の作業を含む、ということだろう。知性は、その能力を行使する行為者、つまり人間という人格や自我の存在を示唆する。知能が高くても知性が低い人はいる。それは、知的能力は高いが、その能力が自分という存在のあり方へと振り向けられない人のことである。だから、犯罪者には「知能犯」はいるが「知性犯」はいないのである。

知性をもつのはどんな人か

次に、そのような知性をもつのはどういう人か。「インテレクチュアル」は、形容詞でなく名詞として、ある種の人びとを指すこともある。日本語でいう「知識人」のことである。これも、単に「知能の高い人」というより、その知が人間性全体に働いて影響を及ぼしている人のことを指すだろう。

このような意味での「知識人」という言葉の使い方は、実は案外新しい。「インテリゲンチア」という言葉がロシア語系の由来であることからもわかるように、それは社会の改良や革命に関心をもつ左翼知識人を指す言葉として登場した。『オックスフォード英語辞典』最新版によると、今日「インテリ」と略して使われるこの用法は、一九世紀末フランスで起きたドレフュス事件に際して被告擁護の論陣を張った文化人らに由来しており、しばしばエリート主義への揶揄を伴っている(91)。

ただし、知識人はしばしば、みずからそのような権力や制度の一部となる。だから、知識人として生きることには、どうしてもある種の矛盾が伴う。彼らは、自分自身は階級的なエリートでありながら、民主的な大義を信じている。一方では民主制社会の善を信じていながら、他方でそれが結果する文化の大衆化や卑俗化を嫌う。自分が大衆を教育し啓蒙する立場にあることを自覚してはいるが、あまりそれが進みすぎると、自分たちとの差がなくなってしまうことを危惧しなければならない。赤くなったり青くなったり、サディストになったりマゾヒストになったり、何ともはや複雑な人種である。[92] いずれにしても、「知性をもった人」「知識人」「インテリ」というのは、自分自身の考え方や主義主張や立ち位置に対して、何かと自覚的にならざるを得ない人のことである。

反知性主義とは何か

ということは、「反知性」の意味も、単に知の働き一般に対する反感や蔑視ではない、ということである。それは、「はじめに」に書いたように、最近の大学生が本を読まなくなったとか、テレビが下劣なお笑い番組ばかりであるとか、政治家たちに知性が見られないとか、そういうことではない。知性が欠如しているのでなく、知性の「ふりかえり」が欠如しているのである。知性が知らぬ間に越権行為を働いていないか。自分の権威を不当に拡大使用していないか。そのことを敏感にチェックしようとするのが反知性主義である。もっとも、知性にはそもそもこのような自己反省力が伴っているはずであるから、そうでない知性は知性ではなく、したがってやはり知性が欠如しているのだ、という議論もできる。どちらにせよ、反知性主義とは、知性のあるなしというより、その働き方を問うものである。

知性が大学や研究所といった本来あるべきところに集積され、それが本来果たすべき機能に専念していると見なされる場合には、反知性主義はさして頭をもたげない。しかし、ひとたびそれらの機関やその構成員が政治権力にお墨付きを与える存在とみなされるようになったり、専門以外の領域でも権威として振る舞うようになったりすると、強い反感を呼び起こす。つまり反知性主義は、知性と権力の固定的な結びつきに対する反感である。知的な特権階級が存在することに対する反感である。微妙な違いではあるが、ハーバード・イェール・プリンストンへの反感ではなく、「ハーバード主義・イェール主義・プリンストン主義」への反感である。特定大学そのものへの反感ではなく、その出身者が固定的に国家などの権力構造を左右する立場にあり続けることに対する反感である。日本なら、ここに「東京大学」などと代入すればわかりやすい。

反知性主義が生まれた背景

では、そのような反知性主義が、なぜアメリカのキリスト教を背景にして生まれ、先鋭化していったのか。

しばしば言われるように、アメリカは中世なき近代であり、宗教改革なきプロテスタンティズムであり、王や貴族の時代を飛び越えていきなり共和制になった国である。こうした伝統的な権威構造が欠落した社会では、知識人の果たす役割も突出していたに違いない。それが本書で辿ったアメリカの歴史であるが、反知性主義はそれと同時に生まれた双子の片割れのような存在である。双子は、相手の振る舞いを常にチェックしながら成長する。他の国で知識人が果たしてきた役割を、アメリカではこの反知性主義が果たしてきた、ということだろう。

本書は最初から最後まで、キリスト教がアメリカにおいて土着化ないし文脈化したこと、そしてその結果が宗教と道徳の単純なまでの同一視であること、の二点を強調してきた。ダニエル・ベルという政治哲学者によると、アメリカ史には「政治における妥協性」と「道徳における極端性」が共存している。アメリカは、一方では欲望全開で何でもありのフロンティア社会であり、かつ同時に禁欲的で厳格な法律をもったお上品の国である。都会には売春と飲酒と賭博が蔓延する一方で、プロテスタント的・中流階級的な倫理観は他のどの国よりも強い。だからアメリカでは、敬虔が道徳主義に道を譲り、神学が倫理学に従うのである(93)。その結果、妥協を旨とするはずの政治が道徳の極端性を帯び、政治が道徳化してしまった。宗教の道徳化も、これと同じプロセスの産物である。

もうひとつ忘れてはならないのが、平等という理念である。一九五〇年代にマッカーシーが極端で理不尽な知識人攻撃を繰り返していた時ですら、人びとは彼の反知性主義にある種の正当性を感じていたという。それは、そこにいかにもアメリカ的で明快な大義名分、すなわち民主的平等を求める熱情が含まれているからである(94)。

このようなラディカルな平等主義を支えているのは、エスタブリッシュメントに対する宗教的な異議申し立ての権利である。この権利は、信仰復興運動によって一般大衆一人一人の手にあることが確認された。反知性主義は、どんな学問のどんな権威も「ぶっとばす」ことができる。その拠り所を提供しているのが、宗教的に基礎づけられたラディカルな平等意識である。

リバイバリズムは、ピューリタニズムの極端な知性主義への反動として生まれ、独立期には信教の自由を求める政治家と宗教家との連合を作り出した。そしてジャクソニアン・デモクラシーとアメリカの自然志向を背景に、ビジネス的な実利精神と融合してキリスト教を大衆化し、フィニーやムーディやサンデーといったヒーローたちを輩出した。反知性主義は、その後も現代に至るまでアメリカに固有の現象として定着し、知性の越権行為が疑われるところでは敏感にそれを察知して批判力を発揮する。

反知性主義の存在意義

反知性主義がなぜアメリカで力をもつのか。それは、アメリカがあくまでも民主的で平等な社会を求めるからである。ローレン・バーリッツは、ホフスタッターとほぼ同時期の著作で、学界と産業界との産学協同、シンクタンクや政権アドヴァイザーなどに対する強い懸念を示している。(95) 学者が大企業や政権から資金を得て研究を進め、原子力政策やその安全性に関する世論操作に加担し、消費者運動や反公害運動を抑制する役割を果たすなら、それらに批判の目を向けるのは、ある面では健康なことだろう。ここに、反知性主義の正当な存在意義がある。

ビリー・サンデーの生きた時代には、教会にも社会階層に従って席の上下があった。野球場ですら、上等なボックス席と雨ざらしの外野席があった。しかしリバイバル集会では、テントの中の同じ簡素なベンチに、大銀行の頭取とすすけた炭坑夫とが隣り合わせで座る。この平等意識がアメリカ人を芯からしびれさせるのである。リバイバリズムは、野卑だが民主的で、力ある者に向かってても怯むことなく顔を上げることのできる根拠を人びとに提供した。マッカーシーは、同じ手法で「神」の代わりに「反共アメリカニズム」を据えたにすぎない。彼もまた、戦闘的な平等主義をもって時の権力者に刃を向けた人物である。彼自身が反知性主義の自己反省力をもっていたようには見えないが、少なくとも彼にエールを送ったのは、時代の反知性主義であった。

キリスト教世界の中でアメリカだけに強く見られる反進化論の風潮も、単なる「宗教」対「科学」という構図だけでは理解できない。ノールという研究者が『神と人種――アメリカ政治を動かすもの』という最近著で明らかにしているように、彼らの反対は、進化論という科学そのものに向けられているのではなく、そのような科学を政府という権力が一般家庭に押しつけてくることに向けられているからである[96]。これは、本書で見た大きな政府に対するセクト主義的な警戒心の表出に他ならない。

ここに言う「政府」とは連邦政府のことであり、それに反対する人びととは主に南部諸州を中心とした「バイブル・ベルト」の地域にいる人びとである。彼らは、自分の子どもたちに何を教えるべきか、ということで連邦政府から指令を受けるのを好まない。つまり、家庭における価値観や教育というプライベートな部分に連邦の権力が踏み込んでくることに対して、怒りに満ちた異議を表明しているのである。ムーディやサンデーの時代とは異なり、今日の反対は、科学そのものよりも、科学が権力と結びついていることに向けられている。反知性主義は、ここにも表現されている。少なくともその攻撃性は、「反科学」というより「反権力」に由来すると理解した方がよい。

近年のアメリカでは、政府の役割を最小限にし、個人の自由を尊重する「リバタリアニズム」が若者たちの間に大きな広がりを見せているという[97]。彼らの目指すところは、民主党と共和党という二大政党のシステムではもはや吸収しきれない。「小さな政府」は伝統的には共和党の掲げる理念だが、同性婚や大麻の合法化といった主張は共和党の価値観とは相容れないからである。こうした若者たちの動向は、やがて大統領選挙にも影響を及ぼすだろうが、これは政策綱領うんぬんの話であるよりは、ただ「ほっといてくれ」と言っているだけのようにも見える。本書が辿ってきた歴史の経緯からすると、これもアメリカという国家の奥深くに宿る「セクト主義」魂の表出と捉えることができる。

反知性主義のゆくえ

アメリカ的な福音のメッセージは、「誰でも回心してまじめに生きれば救われる」というものである。だからそれは、どん底の暮らしをしてきたサンデーにも、また彼をモデルにした映画の主人公のガントリーにも、希望を与えるのである。どんなに堕落と放蕩の人生を送っていても、回心と再生の希望は誰にでも等しく与えられている。そして、信仰による救いは、この世の成功を一緒に連れてきてくれるのである。

つまり、アメリカ人にとって、宗教とは困難に打ち勝ってこの世における成功をもたらす手段であり、有用な自己啓発の道具である。神を信じて早起きしてまじめに働けば、この世でも成功し、豊かで健康で幸せな人生が送れることが保証されるのである。逆に、悪いことをすれば必ず神の審判を受けねばならない。

エルマー・ガントリーが神の「審き」を口にする時、それは売り上げの減少のことであり、「救い」というのは商売の成功のことである。町から町へとセールスに回っていた彼は、ある安宿でたまたま「ギデオン聖書」を見つけて読む。その翌日に大きな商談が成立すると、彼は祈るのである。「ありがとうございます。神さま、これはわたしが売ったんじゃありません、あなたが売ってくれたんです。」

かくして、宗教的訓練はビジネスの手段の一つとなる。ビジネスで成功したければ、しっかりとした信仰をもちなさい。それがあなたを道徳的にし、人格的にし、そして金持ちにしてくれる――これが、二〇世紀以降のリバイバルで繰り返されるレトリックである。信仰は、この世の成功を保証してくれるのである。第二次大戦後には、ノーマン・ヴィンセント・ピールの「ポジティヴ思考」がアメリカを席巻した。マッカーシー上院議員が知識人や連邦職員を次々に「共産党員」として告発し血祭りにあげていたまさにその同じ頃、ピール牧師の出版した『積極的考え方の力』は、三年続きのベストセラーとなり、多くの言語にも翻訳されて世界中にアメリカ精神の明るさと楽天性を印象づけていたのである。実に奇妙な取り合わせだが、これがまさに反知性主義のアメリカである。

オスティーンの著書『よりよいあなたになるために――人生を改善する7つの秘訣』(2007年)

ポジティヴ病の現代アメリカ

二一世紀にこの楽天性という側面を代表しているのは多くのテレビ伝道者だが、なかでもテキサスに巨大教会をもつジョエル・オスティーンは際立っている。オスティーンのメッセージは、いつも必ずポジティヴである。たしかに聖書の内容にも触れるが、それよりも大きな主題は世俗的成功である。あまりにそれが強調されるため、神はスピード違反をした時に反則切符を切られずに済むように計らってくれたり、混んだレストランでもすぐに良い席に座れるようにしてくれる程度の「脇役」に押しやられてしまっている。

これは「ポジティヴ思考」を通り越した「ポジティヴ病」だ、という研究者もある[98]。こうした楽観主義的思考は、戦後間もないピール牧師の時代には美徳だったとしても、今日ではもはや一種の病であり、産業破綻が目前に迫っているような経済状況にも目を向けようとしない危険な精神態度である。この面では、「はじめに」で触れた昨今の日本の「反知性主義」理解とも相通ずるところがありそうである。

オスティーンは、二〇〇九年に行われたインタビューで、こうした批判に直接答えている。それによると、自分はキリスト教の伝道者というより「人生のコーチ」(life coach)だ、というのである。職業上のカテゴリーとして伝道者と呼ばれるのはかまわないが、自分がしていることは、キリスト教の信仰を土台として、人びとに幸せで豊かで前向きな人生を歩んでもらうために助言をすることだ、と答えている。彼にとって「祈り」とは、集中力を高め、精神の能力を全開にして課題の達成を助けるための霊的な技術のことなのである。

そこまで開き直られると、もはやキリスト教の枠内で彼を批判することは難しくなる。現代アメリカでは、精神分析やカウンセリングやセラピーが深く浸透しているが、テレビ伝道者たちもその一翼を担うカウンセラーだということになろう。前向き思考を奨励する自己啓発産業も盛んであるが、これらは従来の教会が担ってきた役割を世俗化した業態のひとつに他ならない。

反知性主義は輸出されるか

本書の冒頭で、宗教の伝播はウィルスが感染し繁殖してゆくプロセスと似ていることを説明した。アメリカという土壌は、キリスト教というウィルスの繁殖には最適だったようである。その繁殖の過程で、アメリカ社会も大きく変容したが、キリスト教というウィルス自体にも変化が生まれ、亜種が増えていった。そして、そこから次の感染地へと伝えられてゆくのは、原種でなく亜種の方である。

今日では多くの国でみられるようになったリバイバルという宗教現象も、このアメリカ的なキリスト教が飛び火して世界に広まったものである。リバイバルは、昨今ではアジアやラテンアメリカを含む世界各地で起きているが、各地のそれらを子細に眺めてみると、語られるメッセージ

朝日新聞　2012年（平成24年）10月16日　火曜日　13版　国際　10

巨大教会で熱烈礼拝

シンガポール、キリスト教徒増加

中華系、伝統の道教離れ進む

経済的

アジアに広がる巨大リバイバル集会（朝日新聞2012年10月16日より）

の内容や礼拝の光景だけでなく、音楽のスタイルから参加者の着ている服に至るまで、いずれも紛うかたなきアメリカ的なキリスト教の刻印を帯びていることがわかる。それは、マクドナルドやスターバックスと同様、アメリカの主要な文化的輸出品の一つなのである。

ただし、そこでも宿主ごとにキリスト教は変容する。この新しいキリスト教の亜種は、ピールやオスティーンのような楽天的な世界観を売り物にしているが、はたしてアメリカで生まれ育ったのと同じような反知性主義がそこでも生まれ育つことになるのかどうか。それは今後の歴史が教えてくれることである。

あとがき

反知性主義に限らず、およそ何かの主義というものは、自分の身にそれを担って体現するヒーローがいるものである。本書は結局のところ、アメリカ史に登場する反知性主義のヒーローを追ったものだ、ということになる。彼らがどのようにして反知性主義のヒーローとなり、どのように大衆の心を摑み、その後の歴史にどのような影響を与えたか。それを辿ることによって、反知性主義という現象の輪郭を描き出すことを試みた。

ここまで書き終えて、最後に残るのは、やはり日本をめぐる問いである。日本でこのような反知性主義を担うのは、どんな人だろうか。知性の傲りや権力との癒着を「ぶっとばす」ようなパワーをもち、大衆に受け入れられる人。反骨の精神で、伝統や大家や形式といった権威の構造を打ち破り、そこに新たな知の可能性を提示できる人。でたらめのラテン語で演説して拍手喝采を受けたジャクソンのように、大舞台で大見得を切ってみせるほど腹の据わった人。そういうヒーローやアンチヒーローを引き受けるだけの粒の立った個人がいないと、何事も大きな運動には成長しない。

読者のみなさんなら、どんな人が頭に浮かぶだろうか。身近なところでは、映画「男はつらいよ」の主人公フーテンの寅さんかもしれない。寅さんはインテリを馬鹿にする発言を繰り返すし、権力者を相手に「ケツをまくって」大見得を切るし、平等主義に基づいた「労働者諸君」への演説もする。しかし、ヒーローというにはやや腰砕けの印象があるし（そこが彼の魅力なのだが）、何といっても最終的に彼は虚構の人物にとどまる。

実在の人物でいうと、さてどんな人だろう。古いところでは、空海や親鸞や日蓮などの革命的な仏教者が、このジャンルにいちばん近いように思われる。現代なら、ホリエモンや孫正義のような型破りの起業家が候補になるのかもしれない。そういえば、はじめは反権力を掲げて大衆の支持を得ながら、結局は地方自治体の首長として自分自身が権力の虜になってしまった人もいる。

本書の編集者とこのことを話し合ったが、なかなか適切な人物像が見当たらなかった。「日本に知識人は存在するか」という問いはよく聞かれるが、その答えは「日本に反知性主義は存在するか」という問いに対する答えと相即しているようである。「はじめに」でも触れた教育社会学者の竹内洋は、反知性主義が「きわめてアメリカ的」であり、日本にはあからさまな反知性主義の噴出が見られなかったことを指摘している。強力な知性主義がなければ、それに対抗する反知性主義も生まれず、逆に強力な反知性主義がなければ、知性主義も錬磨されることがない。どちらも中途半端な日本にあるのは、「半」知性主義だけである、というのが竹内の見立てである。(99)

昨今では、日本の学歴秩序の「さらに上」を狙って直接ハーバードへの入学を目指す、などという親子もあると聞く。たしかにハーバードはよい大学だが、受験生を成績順に並べて上から取るなどということはしないし、合格した学生でも二割は別の大学を選ぶ。アメリカでは大学そのものも目的や構成が多様で、日本のように一元化した序列には乗らない。このような見当外れの権威志向が一般の人びとばかりでなく政府にも大学にもメディアにも蔓延しているうちは、日本に真正の反知性主義が開花することは難しいだろう。

ただその中でも、田中角栄のように、家柄もなく小学校しか出ていない人が宰相にまで登り詰めた例はある。彼は、政治家としては土建だの金権だのという悪いイメージがついて回ったが、人間的には情に厚く、大きな度量と魅力をもった人物だったという。人心掌握に長けていて、決断力と実行力があり、大芝居を打つこともできた。既存のエリートや権力者を怖れることもなかったし、外国の要人との交渉にもひけをとらなかった。反知性主義の要素をいろいろと合わせもった人である。

反知性主義を成り立たせるためには、批判すべき当の秩序とはどこか別のところに自分の足場をもっていなければならない。たとえば、小田嶋隆というコラムニストがいる。コンピューターだのサッカーだのひきこもりだのと、何かと話の引き出しが多い男で、いつもどこか別のところにある座標軸から世間の常識をナナメに切ってみせる。実は彼とは小中高と同級生だったので、わたしは彼が小さい頃から成績優秀な秀才だったことをよく知っている。明らかに高度な知性の持ち主だが、その自分の立ち位置にも常にシニカルな目線を注いで笑いの種にしてしまう。それで彼の言葉は、政治家や学者に限らず、マスコミでも芸能界でもスポーツ界でも、「その筋の権威」といわれるものを片端から軽妙洒脱に切り捨てることができるのである。

必要なのは、単に現行の秩序の上と下を入れ替えるのではなく、別の秩序でそれをぶっとばす力である。自分も属しているその同じ価値序列の上下をひっくり返すだけなら、それは単なるルサンチマンの表出にすぎない。そうではなく、別の座標軸に立って新しい視点を示す。その座標軸は、既存の価値序列と交差し交渉することもあるが、本来は別の軸であって、それが揺るぎない確信の源泉となるのである。そういう異次元の立脚点をもたないと、反知性主義は成立しない。

一つだけ、ヒントになるかもしれない例を挙げておこう。現在のオリンピックの競技種目には、柔道はあるが剣道は入っていない。剣道にも国際剣道連盟があり、三年ごとに数十ヶ国の参加を得て世界選手権が開かれている。では、剣道もオリンピック競技に名乗りをあげたらどうだろうか。

実は、全日本剣道連盟にもそんな声は届いている。しかし、彼らはそれにはっきりと否と答えている。なぜか。剣道は「勝ち負け」ではないからである。剣道は、人間の内面の美しさを磨き、礼節や品格を重んじる武道である。オリンピック種目とされることで、こうした剣道の本来的な理念が失われてしまってはならないからである。これは、勝ち負けとは次元の異なる重要な価値理念である。

しかし、ここが肝心なのだが、「剣道は勝ち負けではない」と言い切るためには、日本の剣道は常にトップであり続けなければならない。事実、日本は団体戦で一度三位を喫した以外は常に優勝しているし、男子個人戦ではすべて連覇を続けてきた。韓国や台湾などの強豪国が台頭する中で、これは並大抵のことではない。そういう常勝の日本が「剣道は勝ち負けではない」と言うからこそ、この言葉には力があるのである。そうでなければ、それはただの負け惜しみにしか聞こえないだろう。

知性と権力との固定的な結びつきは、どんな社会にも閉塞感をもたらす。現代日本でこの結びつきに楔を打ち込むには、まずは相手に負けないだけの優れた知性が必要だろう。と同時に、知性とはどこか別の世界から、自分に対する根本的な確信の根拠を得ていなければならない。日本にも、そういう真の反知性主義の担い手が続々と現れて、既存の秩序とは違う新しい価値の世界を切り拓いてくれるようになることを願っている。

＊＊＊

最後に、執筆にあたって留意したことを記しておく。註については、厳密な学術書ほど丹念にはつけなかったが、より専門的に調べてみたいと思われる方の手引きになる程度はつけてある。以前に執筆した本や章を下敷きにしたところもあるので、それらをご覧いただければいっそう明瞭になるはずである。参考図書についても、註に登場するものでおおよその見当がつくのではないかと思う。

カタカナ表記については、基本的に「ペンシルヴェニア」「ヴァンダービルト」「ヴァジニア」「エヴァンジェリカル」「トクヴィル」「デイヴィッド」「ルーズヴェルト」「カルヴァン」「ポジティヴ」などと「ヴ」を使ったが、「ハーバード」「リバイバル」の二語だけは頻出の度合いや一般文献での通用性を考慮して不統一のままに残した。

聖書の引用には、『口語訳』（日本聖書協会、一九五五年）を用いた。また、使用された図版は、但し書きのないものはすべてパブリック・ドメインのものである。

「アメリカが生んだ『熱病』の正体」という副題は、新潮社の提案によるものである。著者としてはやや気恥ずかしいところもあるが、反知性主義の素地をなしているのがリバイバリズムの伝統であり、本文ではその伝播をウィルス感染にたとえた説明もしているので、あながち的外れとは言えない。反知性主義の「正体」には、今の日本で流布している意味内容からは思いもよらない肯定的で正当な要素が含まれている、ということを知ってもらえれば、わたしとしては本望である。

学芸出版部の三辺直太氏には、企画段階からたいへんお世話になった。学事多端でしばらくはまったく手をつけることができない時期もあったが、苦しい時になると絶妙のタイミングで参考となる新刊書が届いたりと、細やかな気遣いをいただいたおかげでようやく上梓にこぎつけることができた。優れた編集者に出会うことは、優れた読者に出会うのと同じように貴重なことである。記して感謝を申し上げげたい。

本書は、常に「明日の大学」を目指して困難な闘いを共に続けている教職員同志たちに捧げられる。

森本　あんり

(90) Lyle W. Dorsett, *Billy Sunday and the Redemption of Urban America* (Grand Rapids, MI.: Wm. B. Eerdmans Publishing Company, 1990; Reprint, Macon, GA.: Mercer University Press, 2004), 181.

(91) *Oxford English Dictionary Online* (Oxford University Press, September 2014. Web. 18 November 2014), s. v. "intellectual, adj. and n."

(92) 原田達『知と権力の社会学』(世界思想社、1994年)、矢沢修次郎『アメリカ知識人の思想——ニューヨーク社会学者の群像』(東京大学出版会、1996年)、小川晃一・片山厚編『アメリカの知識人——その意味するもの』(木鐸社、1988年)、クリストフ・シャルル『「知識人」の誕生——1880-1900』白鳥義彦訳(藤原書店、2006年)、石崎晴己・立花英裕編『21世紀の知識人——フランス、東アジア、そして世界』(藤原書店、2009年)などを参照。

(93) ダニエル・ベル『保守と反動——現代アメリカの右翼』斎藤眞・泉昌一訳(みすず書房、1958年)、第1章。

(94) ホーフスタッター『アメリカの反知性主義』、20頁。

(95) ローレン・バーリッツ『権力につかえる人々——産学協同批判』水戸公・米田清貴訳(未来社、1969年)。

(96) マーク・ノール『神と人種——アメリカ政治を動かすもの』赤木昭夫訳(岩波書店、2010年)、167頁。

(97)「若者に増加・リバタリアン」、朝日新聞2014年9月10日朝刊記事。

(98) バーバラ・エーレンライク『ポジティブ病の国、アメリカ』中島由華訳(河出書房新社、2010年)、156, 236頁。

(99) 竹内洋『大衆の幻像』(中央公論新社、2014年)、66, 108-109頁。

(66) フリードリヒ・エンゲルス『空想より科学へ——社会主義の発展』大内兵衛訳（岩波文庫、1946年）、「英語版への序文」、95-134頁。
(67) William R. Moody, 420.
(68) McLoughlin, *Modern Revivalism*, 263.
(69) McLoughlin, *Modern Revivalism*, 335.
(70) McLoughlin, *Modern Revivalism*, 259.
(71) ホーフスタッター『アメリカの反知性主義』、74頁。
(72) McLoughlin, *Modern Revivalism*, 233.
(73) McLoughlin, *Modern Revivalism*, 248.
(74) McLoughlin, *Modern Revivalism*, 253.
(75) William R. Moody, 495.
(76) ホーフスタッター『アメリカの反知性主義』、44頁。
(77) トクヴィル『アメリカのデモクラシー』松本礼二訳（岩波文庫、2005-2008年）、第二巻（上）221頁。
(78) Screen script from *Elmer Gantry*, directed by Richard Brooks, produced by Bernard Smith, source material by Sinclair Lewis (United Artists, 1960); 森本あんり「反知性主義の伝統と大衆リヴァイヴァリズム」、『アメリカ的理念の身体』、第11章。
(79) Robert F. Martin, *Hero of the Heartland: Billy Sunday and the Transformation of American Society, 1862-1935* (Bloomington, IN.: Indiana University Press, 2002), Chapter 1.
(80) トクヴィル、第一巻（上）84-85頁、（下）241頁、第二巻（上）101頁。
(81) トクヴィル、第二巻（上）18頁。
(82) トクヴィル、第二巻（上）77-78頁。
(83) ホーフスタッター『アメリカの反知性主義』、228頁。
(84) William G. McLoughlin, Jr., *Billy Sunday Was His Real Name* (Chicago: The University of Chicago Press, 1955), 256.
(85) McLoughlin, *Billy Sunday*, 274-276.
(86) George Creel, "Salvation Circus: An Estimate of Billy Sunday," *Harper's Weekly* (June 19, 1915): 580-582.
(87) Martin, 71.
(88) Martin, 72.
(89) McLoughlin, *Modern Revivalism*, 411.

(50) Arthur M. Schlesinger, Jr., "Jacksonian Democracy as an Intellectual Movement," *Jacksonian Democracy: Myth or Reality?* (New York: Holt, Rinehart and Winston, 1962), 82.
(51) William Bentinck-Smith, *The Harvard Book: Selections from Three Centuries* (Revised Edition, Cambridge, MA.: Harvard University Press, 1982), 367.
(52) Mark Twain, *The Writings of Mark Twain, Vol. 22: "How to Tell a Story" and Other Essays* (New York: Harper & Brothers Publishers, 1900), 7-15.
(53) Keith J. Hardman, *Charles Grandison Finney, 1792-1875: Revivalist and Reformer* (Grand Rapids, MI.: Baker Book House, 1990), 31.
(54) Charles Grandison Finney, *Memoirs of Rev. Charles G. Finney* (New York: Fleming H. Revell Company, 1876; Reprint, Bedford, MA.: Applewood Books, 2009), 45. ただし、事実は少し違っていたようである。Hardman, 50-51.
(55) Finney, 85-86.
(56) Charles G. Finney, *Lectures on Revivals of Religion* (New York: Fleming H. Revell Company, 1868; Reprint, Fenwick, MI.: Alethea In Heart, 2005), Chapter 1.
(57) J. G. フレイザー『図説金枝篇（上下）』（講談社学術文庫、2011 年）。
(58) William G. McLoughlin, Jr., *Modern Revivalism: Charles Grandison Finney to Billy Graham* (New York: The Ronald Press Company, 1959), 177.
(59) D. L. Moody, *The Overcoming Life* (Chicago: The Moody Bible Institute, 1896; Reprint, 2010), 135-136.
(60) William R. Moody, *D. L. Moody* (New York: Garland Publishing, 1930; Reprint, 1988), 213.
(61) William R. Moody, 224.
(62) McLoughlin, *Modern Revivalism*, 211.
(63) McLoughlin, *Modern Revivalism*, 243.
(64) McLoughlin, *Modern Revivalism*, 214.
(65) ハンス・G・キッペンベルク『宗教史の発見——宗教学と近代』月本昭男・渡辺学・久保田浩訳（岩波書店、2005 年）、107-109 頁。

University of Virginia Press, 1990), 57-58.
(32) Solomon Paine, "Apology" in *A Short View of the Difference Between the Church of Christ and the Established Churches in the Colony of Connecticut* (Newport, 1752), 9.
(33) Gordon Wood, *The Radicalism of the American Revolution* (New York: A. A. Knopf, 1991), 240.
(34) G. K. Chesterton, *What I Saw in America* (London: Hodder and Stoughton, 1922), 12.
(35) Norman Maclean, *A River Runs Through It* (Chicago: The University of Chicago Press, 1976).
(36) モートン・ホワイト『アメリカの科学と情念・アメリカ哲学思想史』村井実・田中克佳・松本憲・池田久美子訳（学文社、1982 年)、第 5 章。
(37) ラルフ・ウォルドー・エマソン『自然について』斎藤光訳（日本教文社、1960 年)、136-137 頁。
(38) エマソン、45 頁（訳文を一部変更した)。
(39) H. D. ソロー『森の生活・ウォールデン（上下)』飯田実訳（岩波文庫、1995 年)。
(40) 森本あんり「宗教と思想に見るアメリカの自己理解」、有賀夏紀・紀平英作・油井大三郎編『アメリカ史研究入門』（山川出版社、2009 年)、第 3 章。
(41) Marcus Cunliffe, *The Literature of the United States* (Baltimore, MD.: Penguin Books, 1954), 90-96.
(42) 森本あんり『アメリカ・キリスト教史——理念によって建てられた国の軌跡』（新教出版社、2006 年)、第 6 章。
(43) ホーフスタッター『アメリカの反知性主義』、第 1 章、第 8 章。
(44) Robert V. Remini, *The life of Andrew Jackson* (New York: Harper & Row Publishers, 1988), 11.
(45) Glyndon G. Van Deusen, *The Jacksonian Era, 1828-1848* (New York: Harper & Row, 1963), 28.
(46) Remini, 180.
(47) Remini, 267.
(48) John William Ward, *Andrew Jackson: Symbol for an Age* (New York: Oxford University Press, 1962), 165.
(49) ホーフスタッター『アメリカの反知性主義』、第 6 章。

(14) John Winthrop, *Winthrop's Journal: 1630-1649*, Vol. II (New York: Charles Scribner's Sons, 1908), 67.
(15) ホーフスタッター『アメリカの反知性主義』、57頁。
(16) 森本あんり「ジョナサン・エドワーズと『大覚醒』の研究史」、『アメリカ的理念の身体』、第10章。
(17) Harry S. Stout and Nathan O. Hatch, eds., *The Works of Jonathan Edwards*, Vol. 22 (New Haven: Yale University Press, 2003), 412.
(18) Frank Lambert, *Inventing the "Great Awakening"* (Princeton: Princeton University Press, 1999), Chapter 3.
(19)『フランクリン自伝』松本慎一・西川正身訳（岩波文庫、1957年)、169頁。
(20)『フランクリン自伝』、170頁。
(21) Frank Lambert, *"Pedlar in Divinity": George Whitefield and the Transatlantic Revivals, 1737-1770* (Princeton: Princeton University Press, 1993).
(22) Arnold A. Dallimore, *George Whitefield: The Life and Times of the Great Evangelist of the Eighteenth-Century Revival*, Vol. I (Edinburgh: Banner of Truth Trust, 1970), 539.
(23)『フランクリン自伝』、171-172頁。
(24)『フランクリン自伝』、168頁。
(25) ホーフスタッター『アメリカの反知性主義』、60頁。
(26) マックス・ヴェーバー『プロテスタンティズムの倫理と資本主義の精神』大塚久雄訳（岩波文庫、1989年)。
(27) ロナルド・ドゥウォーキン『平等とは何か』小林公・大江洋・高橋秀治・高橋文彦訳（木鐸社、2002年)、7頁。
(28) 森本あんり「人はなぜ平等なのか——平等の根拠としての『良心の自由』」、『アメリカ的理念の身体』、第4章。
(29) Bernard Bailyn, *The Ideological Origins of the American Revolution* (Enlarged Edition, Cambridge, MA.: Harvard University Press, 1992), 316-317.
(30) William T. Hutchinson and William M. E. Rachal, eds., *The Papers of James Madison* (Chicago: University of Chicago Press, 1962), 1:106, 107nn, 130, 131n, 170.
(31) Ralph Ketcham, *James Madison: A Biography* (Charlottesville, VA.:

註

(1) R. ホーフスタッター『アメリカの反知性主義』田村哲夫訳（みすず書房、2003年）。なお、本文における表記は、他の翻訳書に合わせて「ホフスタッター」に統一させていただく。

(2) Francis J. Bremer, *John Winthrop: America's Forgotten Founding Father* (New York: Oxford University Press, 2003), 173.

(3) H. Richard Niebuhr, "The Idea of Covenant and American Democracy," *Church History*, Vol. 23, No. 2 (1954): 126-135.

(4) Ronald Reagan: "Farewell Address to the Nation," January 11, 1989. Online by Gerhard Peters and John T. Woolley, *The American Presidency Project*. http://www.presidency.ucsb.edu/ws/?pid=29650.

(5) Robert N. Bellah, "Is there a Common American Culture?" *Journal of the American Academy of Religion*, Vol. 66, No. 3 (1998): 613-625.

(6) マックス・ヴェーバー『宗教社会学論選』大塚久雄・生松敬三訳（みすず書房、1972年）。

(7) 森本あんり「宗教的使命感と理想に燃えるアメリカ」、上杉忍・巽孝之編『アメリカの文明と自画像』（ミネルヴァ書房、2006年）、第1章。

(8) 森本あんり「プロテスタント的な大学理念の創設――初期ハーヴァードのリベラルアーツと神学教育」、『アメリカ的理念の身体――寛容と良心・政教分離・信教の自由をめぐる歴史的実験の軌跡』（創文社、2012年）、第9章。

(9) リチャード・ホフスタッター『学問の自由の歴史――カレッジの時代』井門富二夫・藤田文子訳（東京大学出版会、1980年）、118頁。

(10) Samuel Eliot Morison, *The Founding of Harvard College* (Cambridge, MA.: Harvard University Press, 1935).

(11) Perry Miller, *The New England Mind: The Seventeenth Century* (Cambridge, MA.: Belknap Harvard, 1939), 85.

(12) ステファン・ディルセー『大学史』池端次郎訳（東洋館出版社、1988年）、（上）15頁。

(13) 森本あんり「『アメリカ』の始まり」、高柳俊一・松本宣郎編『キリスト教の歴史2（宗教改革以降）』（山川出版社、2009年）、第1章3節。

新潮選書

反知性主義《はんちせいしゅぎ》——アメリカが生《う》んだ「熱病《ねつびょう》」の正体《しょうたい》

著　者………………森本《もりもと》あんり

発　行………………2015年2月20日
20　刷………………2025年5月30日

発行者………………佐藤隆信
発行所………………株式会社新潮社
〒162-8711　東京都新宿区矢来町71
電話　編集部 03-3266-5611
　　　読者係 03-3266-5111
https://www.shinchosha.co.jp
印刷所………………株式会社光邦
製本所………………株式会社大進堂

ISBN978-4-10-603764-1 C0316

世界地図を読み直す
協力と均衡の地政学

北岡伸一

ミャンマー、ザンビアから中国を見る。ジョージア、アルメニアからロシアを学ぶ。歴史と地理に精通した外交史家が、国際協力と勢力均衡の最前線を歩く。

《新潮選書》

アメリカン・コミュニティ
国家と個人が交差する場所

渡辺靖

ロス郊外の超高級住宅街、保守を支えるアリゾナの巨大教会など、コミュニティこそがアメリカ社会を映す鏡である。変化し続けるこの国の力の源泉に迫る。

《新潮選書》

「反・東大」の思想史

尾原宏之

「東大こそは諸悪の根源！」――早慶・一橋・京大から左翼・右翼まで、学歴の不条理に抗した人々の大義名分とは。「学力」とは何かを問う異形の思想史。

《新潮選書》

ロベスピエール
民主主義を信じた「独裁者」

髙山裕二

「恐怖政治の独裁者」という理解は、本当に正しいのか。「私は人民の一員である」と言い続けたポピュリストの矛盾した姿から、現代民主主義を問い直す。

《新潮選書》

世界地図の中で考える

高坂正堯

「悪」を取りこみ、人間社会は強くなる――タスマニア人の悲劇から国際政治学者が得た洞察の真意とは。原理主義や懐疑主義に陥らないための珠玉の文明論。

《新潮選書》

神を哲学した中世
ヨーロッパ精神の源流

八木雄二

なぜ中世ヨーロッパで「神についての学問」が興隆したのか。信仰と哲学の対決――神学者たちの心情と論理を解き明かし、ヨーロッパ精神の根源に迫る。

《新潮選書》

文明が衰亡するとき　高坂正堯

巨大帝国ローマ、通商国家ヴェネツィア、そして現代の超大国アメリカ。衰亡の歴史に隠された、驚くべき共通項とは……今こそ日本人必読の史的文明論。《新潮選書》

現代史の中で考える　高坂正堯

天安門事件、ソ連の崩壊と続いた20世紀末の激動に際し、日本のとるべき道を同時進行形で指し示した貴重な記録。「高坂節」に乗せて語る知的興奮の書。《新潮選書》

世界史の中から考える　高坂正堯

答えは歴史の中にあり――バブル崩壊も民族問題も宗教紛争も、人類はすでに体験済み。世界史を旅しつつ現代の難問解決の糸口を探る、著者独自の語り口。《新潮選書》

戦後史の解放Ⅰ
歴史認識とは何か
日露戦争からアジア太平洋戦争まで　細谷雄一

なぜ今も昔も日本の「正義」は世界で通用しないのか――世界史と日本史を融合させた視点から、日本と国際社会の「ずれ」の根源に迫る歴史シリーズ第一弾。《新潮選書》

戦後史の解放Ⅱ
自主独立とは何か　前編
敗戦から日本国憲法制定まで　細谷雄一

なぜGHQが憲法草案を書いたのか。「国のかたち」を守ろうとしたのは誰か。世界史と日本史を融合させた視点から、戦後史を書き換えるシリーズ第二弾。《新潮選書》

戦後史の解放Ⅱ
自主独立とは何か　後編
冷戦開始から講和条約まで　細谷雄一

単独講和と日米安保――左右対立が深まる中、戦後日本の針路はいかに決められたのか。国内政治と国際情勢の両面から、日本の自主独立の意味を問い直す。《新潮選書》

中東 危機の震源を読む

池内恵

イスラームと西洋近代の衝突は避けられるか。「中東問題」の深層を構造的に解き明かし、イスラーム世界と中東政治の行方を見通すための必読書。《新潮選書》

立憲君主制の現在

日本人は「象徴天皇」を維持できるか

君塚直隆

各国の立憲君主制の歴史から、君主制が民主主義の欠点を補完するメカニズムを解き明かし、日本の天皇制が「国民統合の象徴」として機能する条件を問う。《新潮選書》

貨幣進化論

「成長なき時代」の通貨システム

岩村充

バブル、デフレ、通貨危機、格差拡大……なぜ「お金」は正しく機能しないのか。「成長を前提としたシステム」の限界を、四千年の経済史から洞察する。《新潮選書》

世界は善に満ちている

トマス・アクィナス哲学講義

山本芳久

怒り、悲しみ、憎しみ……ネガティブな感情の根源にも「愛」がある。中世哲学の最高峰『神学大全』を読み解き、自己と世界を肯定して生きる道を示す。《新潮選書》

「社会的うつ病」の治し方

人間関係をどう見直すか

斎藤環

薬も休養もとっているのに、なぜいつまでも治らないのか。人間関係の大切さを見直し、「人《ひと》薬《ぐすり》」と「活動」の積極的活用と、細かな対応方針を解説する。《新潮選書》

「律」に学ぶ生き方の智慧

佐々木閑

日本仏教から失われた律には、生き甲斐を手に入れるためのヒントがある。「本当にやりたいことだけやる人生」を送るため、釈迦が考えた意外な方法とは？《新潮選書》

「維新革命」への道
「文明」を求めた十九世紀日本
苅部直

明治維新で文明開化が始まったのではない。日本の近代は江戸時代に始まっていたのだ。十九世紀の思想史を通観し、「和魂洋才」などの通説を覆す意欲作。

《新潮選書》

小林秀雄の謎を解く
『考へるヒント』の精神史
苅部直

モーツァルト論から徳川思想史の探究へ――批評の達人はなぜ転換したのか。ベストセラー随筆集を大胆に解体し、人文知の可能性を切り拓く超刺激的論考。

《新潮選書》

江戸の天才数学者
―世界を驚かせた和算家たち―
鳴海風

江戸時代に華開いた日本独自の数学文化。なぜ世界に先駆ける研究成果を生み出せたのか。渋川春海、関孝和、会田安明……8人の天才たちの熱き生涯。

《新潮選書》

決断の条件
会田雄次

日本人はなぜ「優柔不断」なのか。なぜ「思いつき」で決めてしまうのか。マキァヴェリ、韓非子、孫子など先哲の言葉から、意思決定の要諦を導きだす。

《新潮選書》

炭素文明論
「元素の王者」が歴史を動かす
佐藤健太郎

農耕開始から世界大戦まで、人類の歴史は「炭素争奪」一色だった。そしてエネルギー危機の今、また新たな争奪戦が……炭素史観で描かれる文明の興亡。

《新潮選書》

貧者を喰らう国
中国格差社会からの警告【増補新版】
阿古智子

経済発展の陰で、蔓延する焦燥・怨嗟・反日。共産主義の理想は、なぜ歪んだ弱肉強食の社会を生み出したのか。注目の中国研究者による衝撃レポート。

《新潮選書》